飢餓陣営せれくしょん3

セラピー
とは
にか

セラピスト』を
たちが読む ほか
人生の折り合いと自分語り
ほ」の取り組みから

飢餓陣営・佐藤幹夫 編

言視舎

飢餓陣営せれくしょん3　セラピーとはなにか　CONTENTS

【緊急特別掲載】

佐世保の事件と『絶歌』を読む

佐藤幹夫＋北明哲

論議の初めに

北明哲（編集工房客人） この『飢餓陣営せれくしょん3』は、「セラピー」や「かりいほ」の取り組みを中心に編まれるということですが、なぜそこで、緊急掲載とはいえ佐世保の事件や『絶歌』を取り上げるのですか。

佐藤幹夫（編集工房主人） 後で話題になると思いますが、「更生」や「療育（少年院教育）」がここでの主要なテーマです。「セラピー」や「精神療法」によって「治癒」や「回復」が目指されるように、「少年院教育・療育」にあっても、この領域に応じた「治癒」や「回復」が目指され、それを社会的に到達すべき目標として「更生」という言葉で表しているわけです。また少年院教育では、たとえばプレイセラピー（遊戯療法）、ロールレタリング（役割交換書簡法）、音楽療法、作業療法、認知行動療法などの、さまざまな治療的技法が採り入れられているはずです。どのプログラムを重点化するかは各少年院で特徴があるでしょうが。

そして本誌の後半で登場していただく「かりいほ」は生活支援の場ですが、いわば「かりいほ」の生活支援全体が（朝、起きてから夜眠るまでの時間全体が）、「生活療法」と呼んでもよいものですね。そして「かりいほ」で、「折り合う」とか「納得」という言い方をして、ある回復の状態を呼ぶことがあります。

北明 石川施設長がいつも述べているように、「かりいほ」の「生活支援」は、利用者それぞれの実情に対応できるよう、ここまでさまざまな変容を求められてきました。今回の『飢餓陣営せれくしょん3』で採り上げさせてもらったのは、二人の利用者さんの「自分語り」ですが、あれも、ナラティブなセラピーのスタイルを借りているけれども、根っこにあるのは「生活支援療法」ですね。

佐藤　そう言っていいと思います。「語る―気づく―納得する―折り合いをつける」というプロセスが目指された、ナラティブスタイルのセラピーですが、基本は「かりいほ」の生活支援の創意工夫のなかで出てきた、ユニークなスタイルだと思います。

それで、「治療・回復」「更生」「折り合い・納得」と、場所と目的に応じて言葉が選ばれていますが、いずれも援助を得て、生きるための何事かを取り戻していく。その「何事か」が何であるか、できるかぎり浮かび上がらせてみたいというのが、『飢餓陣営せれくしょん3』の大きな主題です。

北明　なるほど。二つの少年事件を話題として取り上げる意図はわかったけれども、ひとつ危惧があります。ここでは、「更生」だけではなく、もっとたくさんの話題が出てくると思うのです。散漫な内容になりかねないことが心配なのですが。

佐藤　いろいろなテーマが出されるでしょうが、「少年院教育（療育）において、更生とは何か」という問いかけが、ここでの最大の軸になるよう進めていくことを最初に確認しておきましょう。

佐世保事件の処分決定から

北明　では始めていきますが、まずは佐世保の事件から。二〇一五年七月一四日、長崎家庭裁判所が、少年院送致（保護処分）の決定を、やっと下しました。逮捕が一四年七月二七日ですから、ほぼ一年を費やしたことになります。

ちなみに神戸少年Aの事件では、逮捕が一九九七年六月、神戸家裁が少年院送致を決定するのが一〇月。半年ほどで処分を決めています。

取材した少年事件のなかから少し拾い上げてみると、大阪の寝屋川事件は、二〇〇五年二月一四日の現行犯逮捕の後、大阪家裁の逆送決定が八月八日。こちらも半年ほどで処分決定をしています。〇六年六月に奈良で一六歳の少年が自宅に放火し、継母とその子（異母弟妹）を死亡させた事件の審判決定は、同年の一〇月ですから、こちらは四カ月ほど。とくに何か事情がない限り、おおむね半年前後で家裁の決定が下されています。

佐藤　根拠のない憶測を重ねるわけにはいきませんが、『飢餓陣営』本体の四二号でも指摘したように、佐世保の事件が処分決定まで一年を費やしたのは、やはり異例の長さだった。少年事件にあっては、勾留される期間が長くなればなるほど、教育の機会を奪われ、更生の可能性を失っていく、と基本的には考えられているわけですから、できるだけ迅速に処分決定をすることが求められます。

前回（四二号で）話をした原則逆送制度の背理は、加害少年の教育可能性を奪い、悪条件の中においてしまう制度だという点にあります。起訴されて刑事裁判になると、判決が下されるまでにさらに時間を要することになり、弁護団が丁寧な弁護をしようとすればするほど時間を費やさなくてはならない。弁護団は、そういうジレンマを抱えさせられるわけです。

○五年六月に、東京板橋でガス爆発を起こして両親を死に至らしめた一五歳（当時）の少年は、第一審の判決が○六年一二月、控訴し、第二審の判決が出たのは○七年一二月。重大事件の加害者であるとはいえ、一五歳からの三年半を拘置所や鑑別所で過ごすというのは、なかなか複雑な思いを抱かせます。

北明　そうですね。寝屋川事件の裁判にあっても、控訴審までいったので、すべてが終了したとき、加害少年は二〇歳を超えてしまいました。

佐世保の事件に話を戻すと、新聞報道によれば（以下、読売、東京、朝日、毎日の各新聞を参照している）、加害少女は、一六歳を超えると刑事裁判にかけられる可能性があることを知っていて、その年齢以前に犯行に及んだ趣旨の供述をしており（これなんかは、まさに神戸元少年Aの負の遺産です）、きわめて計画的で、悪質であると指摘しています。

診断名は「自閉症スペクトラム障害（ＡＳＤ）」。「素行障害」（以前の行為障害ですね）も併発しており、「興味を持ったことを徹底追求し、不安や恐怖の感情が弱く、決めたことは迷いなく完遂する性格も重なっていて、ＡＳＤの中でも特殊な例」であることが書かれています。「不安や恐怖の感情が弱い」という表現がありますが、それは、相手の痛みを感じ取ったりする共感能力が低い、恐怖心がないから衝動を制御する力が弱い、ということですね。

佐藤　それでいいと思います。ちなみに「衝動性の高さ」「感情刺激への過剰な反応」（これは、カッとなりやすいということですね）。そして「不安や恐れが体験されないこと」「感情コントロールの弱さ」などが、暴力を導くキータームとされていて、それについて、近年の脳科学の研究報告があります（林直樹「概説：暴力の精神病理と精神療法」『精神療法』Vol. 41　2015　金剛出版）。大変に興味深い内容で、これについては後半の、「更生とは何か」についての論議で触れましょう。

動物虐待から「殺人願望」——どう歯止めをかけるか

佐藤　それで、「家裁決定の要旨」によれば、佐世保の少女の非行行為も、やはり猫の殺害から本格的に始まるわけですね。

北明　それ以前の生活歴は記載されていないのでわからないのですが、重要なターニングポイントはそのあたりでしょうね。東京新聞から引きましょう。

「小五当時、下校中に見た猫の死骸に引かれて猫を殺すようになり、小六時に給食に異物を混入。中学では殺した猫を解体し、人を殺したいと思うようになった。実母病死後も殺人欲求はなくならず、父殺害を具体的に計画するようになり、失敗で欲求を強めた。父は精神科に通院させたが、欲求はなくならなかった」

事後的に見ると、なぜこの小六の騒ぎのときに事態の深刻さを把握できなかったのか、何らかの歯止めをかけることができなかったのか。そう強く感じるところです。

佐藤　「難しさをもつ子ども」の情報を共有し、多職種が連携して支援するシステムが、地域につくられていない。もちろん佐世保だけではなく、子どものための地域包括連携は、まだほとんどの所でおこなわれていないはずです。個人因子を明らかにしてアセスメントをしっかりおこなう作業はもちろん重要ですが、彼をとりまく包括的な支援のシステムづくりの重要さも、強調しておきたいと思うのです。

端的に言えば、「殺人願望を訴えられたとき、あるいはそのことを気付いたとき、周りにいる大人はどう対応するのがよいのか」。あるいはもっと広く、「重大な結果が危惧される事案にどう対応するか」でもよいと思いますが、何らかのかたちで、そうした課題は認識されていたはずだと思うのです。

くり返しますが、今回の佐世保の事件が残した重要な宿題は、学校と医師の両者がこの少女に危機感を持っていたにもかかわらず、その情報が横につながらなかったこと。情報がそこから先にいかなかったこと。この点に尽きるような気がします。

少なくとも、医療と学校と児童福祉・児童相談所、警察や保護観察機関、カウンセラー、ソーシャルワーカーなど、多職種が集まって、何らかの子ども支援のネットワークをつくっていくことは急務ではないか。教育が担うところ、医療が担うところ、児童福祉が担うところ、場合によっては警察が担うところ。役割分担を明確にして、自分たちの専門分野に集中し、そこからはみ出るところは他領域の専門職に任す。

いま、ひとつの場所に、あれもこれもと子どもの問題のすべてが持ち込まれてくるでしょう。学校も、児童相談所も、発達センターも、すべてそうですね。そしてスタッフが疲弊していく。そんな悪循環のなかにあります。連携しつつ、もっとうまく住み分けていかないと、消耗するばかりです。

北明　子どもの問題は多岐にわたりますね。場合によっては、親御さんへのケアも求められる。聞いた話ですが、給食費の滞納について呼びかけたところ、家庭内の経済的相談をもちかけられたというのです。いじめだって、いまや担任はもちろん、学校だけで対応しきれる問題ではないのではないかと思う。児童精神科も児相もパンク状態です。

佐藤　学校にも、もう少し外に出てきてもらい、多職種連携の重要な一翼を担っていただく。地域にとって、学校のもつ役割は重要でしょう。学校内部にも、部外からの視点を取り入れていただく。そうやって、どう情報の風通しを良くするか。教育委員会や学校のトップには、地域に開いていくことの重要性を、もっと認識していただければと、ずっと念願しているのですが。私がこれまで取材をして本にしてきた重大事件に共通することは、それぞれどこかで横へのつながりを持てていれば、ひょっとしたら防げたんじゃないか、と感じさせるケースです。

学校現場からは、さらに仕事を増やすのか、と叱られそうですが、もう少し地域とつながりましょう、他職種とつながりましょう、というこの提案は、これからも声を上げていかないといけないですね。深刻な問題を抱え持つ子どもへの対応は、情報を共有し、総合力で対応する。

北明　話を戻します。「決定要旨」の「非行のメカニズム」という項目には、こんなことも書かれていました。

「猫の死骸を目撃し、生と死の境界への関心が芽生えて猫を殺し始め、視覚的興奮が高まり固執が強まった。異物混入で問題が顕在化したが、適切な保護や対応がなく、逆に周囲との違いから孤立感、疎外感を抱いた。自分に苦悩しつつ、猫殺しでは満足できず解体を始め、実母の死を経験して殺人空想が増大、殺人欲求が現実感を帯びた」思春期特有の心身のアンバランス、「死」に対する関心、小動物の殺傷と破壊衝動、大事な人間の死。……いくつかの事件に共通する因子です。事後に何を言っても詮無いのですが、どこかで何ほどかの手を打ってくれていれば、と思ってしまう件です。

佐藤　いまあげてくれた引用は、おそらく医師の鑑定を受けたものだろうと思いますが、次のことは指摘できるのではないでしょうか。

殺人願望や殺害欲求、破壊衝動といったものをエスカレートさせていく過程は、孤独や孤立感や被害感情が、絶望的に深まっていく過程とおそらく同時進行していたはずだ、ということです。家族や友人、学校ふくめ、人間関係が何らかの生きる支えとなっているときには、破壊衝動や殺害欲求がここまで深まることはないだろうし、なんらかの歯止めをかけることができるとすれば、素朴すぎると言われるかもしれないけれど、血の通った人間関係でしょう。

北明　人との関係が大事だというのはわかるけれども、思春期以降の子どもたちの人間関係は、一筋縄ではいかないですよね。誰と組むか、誰とはどう距離をとるか、関係が複雑になっていく。心理面のみならず、身体的な変化も大きく現われてくる。端的には性の問題として出てくるわけですが、神戸の少年は自分の性的な倒錯を友人に話したところ、笑われ、孤立感と疎外感を強めた、と書かれていました。その後、少年は、この友人をぼこぼこにしてしまい、恐怖に怯えた友人は転校してしまう。それほど激しい暴力をぶつけているのです。

先ほど、とにかく誰かとつながっていればという話がありましたが、逆に佐世保の少女の場合は、親によって納得のないまま医療に丸投げされ、そのことで孤立感と疎外感を一気にエスカレートさせた、という面はありませんか。

佐藤　たしかに医療にどうつなげるか、メンタルクリニックの敷居が下がったとはいえ、まだまだ難しさがあります。一般論としていえば、精神医療と最初にどういう出会い方をするか。それがとても重要であることは指摘されるところです。でも、だからこそ医師同士や他職種によるカンファレンスや情報交換が重要になるのだと思うのです。

処遇をめぐる問題
――「刑罰による再犯の抑止効果はない」

北明　医者には話せないけど、塾の講師になら話せるとか、いろいろありますからね。次の話題にいきましょうか。

家裁の結論は、医療少年院での処遇となりました。決定要旨では、心神喪失や心神耗弱は認められないが、加害少女の抱える問題性や病理性の重大さを認識しつつ特性への配慮が重要だ、という理由をあげて少年院送致を決定しています。東京新聞では、こんなふうに書かれています。

「更生には、少女の特性に応じた個別性の高い矯正教育と医療支援が長期間必要。刑罰による（再犯）の抑止効果はなく、職業教育や労役で改善は期待できない。刑務所はプログラムが十分ではなく、自由に空想にふけられる環境では、かえって症状が悪化する可能性がある。

以上、再犯防止や社会防衛の観点からも、医療少年院での処遇が望ましい。認知などの本質的な変容を目指すもので、予後の見込みは厳しいが、可能な限り長期間の治療教育をすれば、矯正効果は十分に期待できる。

医療少年院を出た後も生涯にわたり対応を継続する必要がある。今後も同様の問題を抱えた青少年が現れる可能性は否定できず、対応に取り組む体制の構築も重要だ」

あなたが寝屋川事件の裁判をまとめた『一七歳の自閉症裁判』で、弁護団とともに訴えていたことと、共通する内容が述べられているような気がするんだけれど。

佐藤　長崎家庭裁判所が今回示した判断は、いろいろな意味で、すごく重要だと思います。

順番に見ていくと、まず、長崎家裁は原則逆送の制度を採用せず、治療を最優先させることを強調しています。そして（具体的にどんな対応になるのかはわかりませんが）、「生涯に渡り対応を継続する必要がある」と、そうとう踏み込んだ意見を述べています、保護観察期間の大幅延長さえ辞さないという意味にも取れ、これは、それだけ大きな危機意識をもっているんだ、ということの意思表示だと思います。

二つ目は（これは私の独断的・評論家的な推測ではあるのですが）、この決定が、例の少年Aによる『絶歌』出版に対する大バッシングの渦中で示されたものであることの意義です。いわば日本中が、少年審判と少年院教育への疑義と不信に覆われ、少年法不要論さえ現われている状況のなかで、この決定は、少なくとも、家庭裁判所の威信をかけて、少年院教育は信頼に足るものだというメッセージを発信している。逆風が強まっている中だからこそ、そういう意思があると私は読み取りたいのです。

北明　「決定の要旨」では、刑罰による再犯の抑止効果はない、と述べ、「刑務所はプログラムが十分ではなく」と指摘する件など、ここまではっきりと述べた判決も初めてなのではないでしょうか。

佐藤　少年法を改正して原則逆送制度を導入したとき、法務省は、刑務所における、特に少年刑務所における教育環境の整備は最優先事項である、と強調していたと思います。寝屋川事件の公判の際には、個別処遇プログラムの導入と整備が言われ、それが裁判所の判決の大きな判断材料になった。二審では、少年刑務所の教官が証人として出廷し、「少年刑務所が、発達障害の少年への教育ができるかどうかではなく、これからはやるのだ」と明言していましたし、その後、たしかに処遇面での改革は打ち出されてきたと思います。

しかし、今回、こうした判決となった。刑務所では、どうしても所内の治安維持が最優先されるから、当初予定していた（だろう）教育的な処遇は、治安維持との兼ね合いで難しさを払しょくできない。やはり、どうにも限界があるようなのです。例えば次のような指摘。

「しかし（刑務所内―佐藤）の「改善指導」においては、そもそも、刑務所において教育が必要なのか、効果があるのか等の疑問が、秩序維持・保安の面で高い能力を発揮していた刑務所ほど強かったように思う」（矢野恵美「受刑者なのか患者なのか：医療と刑罰の間」『刑政』二〇一五年七月号）

もちろん、だから取り組みが放棄されたというのではなく、こうした困難のなかで教育的・治療的処遇に取り組まれていった、というのがこの論文の趣旨です。この指摘はなるほどと思った。人をそろえたくても予算不足が深刻な問題としてあるのですが、教育的な処遇と保安維持の両立は、思いのほか難しい。このことがよくわかりました。

北明　でも、少年刑務所の環境整備が立ち遅れているまま、原則逆送だけが進められていくようであれば、これは、かなりまずい事態にならないですか。

佐藤　いつも話すことですが、原則逆送になって有罪判決を受け、刑務所での処遇となった少年たちも、一〇年、二〇年もすれば、社会へ戻ってきます。これは間違いのないことです。

少年犯罪の加害者を国民が大バッシングし、それを後ろ盾に法の厳罰化や、適用の低年齢化が推し進められ、原則逆送が徹底されて刑務所での処遇となっていく。ところが、刑務所の教育環境が不十分なままであれば、結局、厳罰化のために推し進めた施策が、社会不安を増大させる要因にしかならなかった、などという事態になりかねず、しゃれにもならない。

圧倒的な「厳罰推進論」のなかで

北明　それにしても、社会の制裁感情は強くなる一方です。なかには、あたかも自分が被害者であるかのように感情をあらわにして、加害者を弾劾・罵倒するジャーナリストやライターが後を絶たないですからね。

佐藤　被害者の痛みに寄り添いたいという気持ちはわかるけれど、メディアの人間は、最終的には第三者でしかない（当然、私もそうです）。加害者への批判は自由だけれど、発言はもっと節度をもたなくてはいけないのではないか、と感じることが少なくありません。被害者ご当人か遺族の方だけですよ、それが許されるのは。私はそう思います。

北明　もう一点。東京新聞で、刑法学者の大谷実先生が、次のようにコメントされているのが目を引きました。単純な厳罰推進論とは違うと思うので、引いてみます。

「決定は少女の刑事責任能力を認め、今後も同様の問題を抱えた青少年が現れる可能性を否定できないとしている。残虐な事件であり、社会的関心が高く、被害者遺族の処罰感情も強い。これらの感情に応えるためにも、検察官送致をして精緻な審理ができる刑事裁判を受けさせるべきだった。その上で、医療刑務所や指定の精神科病院への入院などの選択もできたはずだ。少女にとっても、かえってその方が良かったのではないか」

この点も、常に議論になるところですね。少年にとって、罪の重大さは刑事裁判を経ることで、より強く認識されるのではないか。あるいは自分がしたことの重大さを、刑事裁判を体験することで認識させるべきではないか。保護処分では、「何をやったって、結局少年法で守ってくれるじゃないか」と学習させてしまうだろう、という意見ですね。

佐藤　それから大谷先生の考えには、公開の刑事裁判をして情報を共有したほうが社会に資する、類似犯罪の予防につながる、という考えもあるのではないでしょうか。

結局は、少年法がもつ保護・教育という特性を、社会はどの程度許容することが妥当なのか、刑事罰や社会の安全と、教育・保護と、どちらを優先させるのか、という論議になるのです。私個人は、法の厳罰化という方向よりも、長崎家裁の決定が述べているように、出院後、行動の制約を義務付けるとか、何かしらの工夫は必要かもしれない。そう考えます。処遇環境の充実と、社会に戻った後の保護観察期間を、重大事件に関してはなんらかの制約を付すなど、そういう対応はもっと考えてもいいのかもしれません。

『絶歌』の出版について――「更生」がひきおこす〝ねじれ〟

北明　次の話題に行きましょう。『飢餓陣営』の前号（四二号）で、『文藝春秋』に掲載された「家裁決定全文」について話し合ったのですが、すると刊行直後に、神戸元少年Aによる『絶歌』が発売されました。売れ行きもすごいようですが、反響もまたすごいことになっていますね。当然のことながら、バッシングの嵐です。

佐藤　感想はいくつか持ったし、言わなくてはならないと感じたこともあるのですが、でも、気が重いですね。非常に気が重い。ずっと以前、『文藝春秋』に掲載された「供述調書」も読み返し、さらに気が滅入り、この話は引き受けるんじゃなかったなと後悔しています。それは冗談ですが、週刊誌やその他、女性関係のことなども色々と取りざたされていることもあって、ますます気が重い。

前回の対談（?）で、あなたが少年法や少年院教育における「更生」は激烈な〝ねじれ〟をもつ、被害者や遺族の生涯の苦しみを代償に、加害少年の「更生」は果たされていく。これは〝ねじれ〟そのものだろう、そう指摘しましたよね。社会には経済的に不遇で、家庭とも縁をもてない若い人たちが増えているときに、ひょっとしたらこの元少年Aはその両方を手に入れようとしている。一方の被害者遺族は、こうしていろいろな事実が明らかになればなるほど、地獄の底に突き落とされていく。「更生」ってなんだ、と改めて考えさせられました。気が重くなるばかりです。

佐世保のケースのように「殺人衝動や破壊衝動」という「病理」の深い先例が、神戸の元少年Aですが、はからずも今回の出版自体が「少年院教育は、どこまで治療可能なのか」「病理性の深い事例に、それははたして役に立つものなのか」という問いを突きつけるものとなっている。

犯罪評論家みたいなもの言いになるけれど、この元少年のやることなすことが、日本の少年司法に対して、ことごとく挑戦状を叩きつけるような結果になっていますね。法の盲点のようなところを突いて、存在を誇示してくると言ったらいいか。本人が意図しているわけではないでしょうが、結果的にそうなっていますね。

北明　おっしゃる通り、少年法がこの事件の後厳罰化されましたし、節目ごとに被害者遺族の近況と苦悩が報じられ、被害者遺族のあり方のひとつの象徴のような存在となってきました。捜査資料や裁判資料などの情報公開をどうするのか、どこまで制限をかけるかという問題も提示してきました。今回もまた、元犯罪加害者が事件を記述した手記の出版ということで、そのこと自体の是非、莫大な収益を上げることに対する倫理的疑義、といった新たな問題を投げかけています。

それで、ありきたりな問いですが、『絶歌』出版の是非についてはどうですか。殺人事件の受刑囚が獄中から手記を刊行する、という先例は、永山則夫、宮崎勤、秋葉原事件の加藤智大と、これまでにもありましたが、ここまでバッシングを受けているのは初めてです。

佐藤　そうなんですが、でもそれらのケースとは、条件がまったく異なっているでしょう。彼らは死刑囚であり、あるいは死刑判決を受ける可能性がほぼ確定的だった受刑囚でした。そしてみんな実名で発表しています。永山は少年でしたが、実名でメディアに出ました。今回とはまったく事情が異なります。同列には考えられない。

北明　少年院教育の最大の目標のひとつが、いわゆる「更生」ですね。その内容を一言では言えないでしょうが、なかでも重要なテーマが被害者への贖罪感情をもつこと、謝罪の念をどこまで深められるかということだとすれば、今回の出版を見るかぎり、彼に対する更生教育は失敗だった、という評価になりませんか。

出版の経緯、内容（これは後で触れてもらいますが）、被害者を実名にして自身は匿名に隠れている等々、被害者や遺族にとってはまったく配慮のない、不快極まりない内容になっているわけだから。

佐藤　そもそもこうして取り上げること自体が宣伝作用をもってしまうわけで、忸怩たるところではあるのですが、とりあえず次のことは言えると思います。

『絶歌』を商品として出版市場に出すことを、成人となった本人みずからが決断した。出版に至る経緯は、幻冬舎の見城徹氏が『週刊文春』の取材に応じていますし、今回の版元の担当編集者は、個人が特定される記述は削除するよう要請はしたが、それ以外はすべて本人の意思による記述と構成になっている、と語っていますね（『創』二〇一五年八月号）。この時点で、世間からどんなに酷評を受けても文句は言えない場所に、〝ベストセラー作家〟という社会的な場所に、再び自身の意思で立った。

細々とではあれ、遺族の方に経済的な賠償や精神的な償いをしながら、世の中の片隅でひっそりと生きていくという人生を、自分で放り投げてしまったわけです。つまり

「元少年Ａ」として生涯生きていくことを、自分で選んだ。

出版することを決意したのは物理的な生活上の理由がある、と週刊誌では書かれていますが、それ以上に、おそらくこの人は無名の一般人として世間の片隅で生きていく、という人生を選べない人なのではないか。たとえば、専門領域において然るべく蓄積があるドクターなりの解説や註釈を付した本として出版すれば、まだよかった、という意見は多いし、当初、私も同様に感じていました。しかし、段々と、本人がそれを受け入れなかったのではないかと考えるようになりました。そうした提案は、皆無ではなかったはずだと思うのですが、本人がそれを望まなかった。主役は、あくまでも自分（「元少年Ａ」）であり、自分が前に出る、という意識を強く持っている。賞賛しているように受け取られると困るけれど、そうではなく、図らずも自分で言っていたように、市井の一生活者という「透明な存在」にはなりたくない、なれない、そんな人ではないかと感じたのです。

北明　そのあたりが著者の「自己顕示欲の強さ」とか、「自己陶酔」という印象を与えるところでもあるわけですね。

佐藤　『絶歌』の出版は、少年事件を考えるうえで重要な意義がある、と版元を含め、いろいろな識者たちが言っているけれど、そう考える大人たちの声がある限り、「元少年Ａ」の賞味期限は切れないわけです。もっと嫌な言い方をすれば、大バッシングが起これば起こるほど、逆に本が売れていくというビジネスのスキームができあがった。だから、いくら批判をしても、大バッシングをしても、結局は元少年Ａの片棒を担ぐことになるわけです。この対談（？）も、『飢餓陣営せれくしょん』もそうです。本を読んで、ちゃんと分析してみようかもくそもない。何をどういっても、結局は、片棒を担がされることにしかならない。

私は当然、言論の自由や出版の自由を死守する立場だけど（こんなご時世だからますますその意を強めているのですが）、ただ、危惧することがひとつあります。かりにセンセーショナルに報道された凶悪な殺人事件やショッキングな事件の加害者が、社会に戻った後、次から次へと事件の本を書き始めたらどうなるだろう。しかも被害者を実名にし、事件の様子を詳細につづった本だったりしたらどうなるだろう。

北明　大変、まずい事態ですよね。まして加害者が社会や被害者へのリベンジという意図をもっていたりすると、文字通り、社会倫理もへったくれもない、やったもん勝ち、儲けたもん勝ち、だけの無法地帯になります。

でもそんなことはあり得ないと思いますが。むしろ、そのような指摘をすること自体が、進んで片棒をかつぐことになりませんか。

佐藤　なるほど、たしかに考えすぎかもしれないですね。でも危惧は晴れないし、気が重い。

第一部と二部のギャップはどこからくるか

佐藤　愚痴ってばかりいても仕方がないので、進めましょうか。内容について、どんな感想をもったかですね。

まず二つの点で、私には激しい違和感がありました。ひとつは、本文が第一部と第二部に分かれているけれど、「文章」が別人の手になるように異なっている。なぜ、一冊の本のなかで、ここまで大きな違いが生じてしまったのか。この、第一部と第二部との間に横たわる何かが、違和感を覚えたひとつだったのです。くり返すけれども、前半と後半とでは、「文章」がまるで別人の手になると言っていいくらい、違ったものになっている。どうしてこんなことが起きたのか。ここには、いくつかの理由が推測されますよね。

北明　たとえば？

佐藤　ひとつ目は、異なるゴーストライターか編集者の手が入っているんじゃないか、という推測が、第一印象として出てきました。しかし週刊誌その他の情報を読み、それはないとすぐに思いました。プロの編集者が直接手を加えるなら、もっと整合させるだろうと思います。第三者の手が入っていないからこそ、逆にこれほどの落差が生じた、と考えていい。

二つ目は、当人の手になるものならば、第一部と第二部の書いた時期が大きく異なっている、という推測です。前半は事件からそれほど経だっていない時期に書かれた「文章」ではないか。事件直後、新聞社に送り付けた際の、「声明文」のスタイルが維持されている。引用はしませんが、あの文章をほうふつとさせます。高揚感があり、文章に趣向・技巧が凝らされ、感情が凝縮されている。さっきそちらが言ったように、レビューで「自己陶酔」とか「作家気取り」とか、「自己顕示欲」といった評言がたくさん見られるけれど、このテンションの高さや高揚感は、第一部では一貫している。

一方、第二部は、社会復帰後の身辺をめぐる事実がいろいろと書かれていくけれど、「文章」は、一転して〝すかすか〟です。事実を追うことだけに汲々としている。「これほど擦り減った〝すかすか〟の文章しか書けないほど、転々とする生活に追われていたのか」と感じさせ、すると、出版から遠くない時期に書かれたものではないか、という推測が出てくる。

もうひとつ、別の見方もできる。この〝すかすか〟感は、第一部ほどには力を込めようとは考えなかったから。つまり、第二部は、手を抜いた「文章」。おぞましくてグロテスクな想像だけど、本人がほんとうに書きたかった（本として残したかった）のは、第一部のほうであり、第二部は付け足しというか、とにかく書いた、という程度のモチベーションだったのではないか。そう推測させる。

そんな文章ですから、結果、第二部や最後の文章で、いくら美辞麗句を使って謝罪や反省らしき言葉を並べても、読む人間が読めば、底は見透かされてしまいます。「文章を書く」という行為のなかで、自分を追い込んで行くという内的な作業がなされていない。後半部分に対してはどうしてもそんな印象を持ってしまう。なぜこんなことになったのか。前半部分こそが、本人にとっては重要だったのではないか、という疑いがぬぐえない。

北明　うーん。本当に謝罪したかったとか、片隅ででもいいから生きていきたいとか、そういうことを伝える目的で書かれた本であれば、後半部分にもっと力が注がれて当然だったろうと。そういう指摘ですね。

佐藤　そうです。私ごとき本のロクに売れない三文作家が偉そうなことは言えないけれど、文章というものは怖いもので、底まで映し出すではないですか。くり返すけれど、前半の部分は、一〇代、あるいは二〇代半ばくらいまでしか書けない「文章」です。倫理的な善し悪しや、装飾的な「文章」への好き嫌いは別にしても、これだけは書きたい、という密度は伝わります。そんな性質の「文章」だと思います。くり返すけれど、倫理的な善し悪しは別ですよ。

しかし後半は、そんな密度を持った「文章」が書けなくなってしまった後のもの。しかし、出版が生きるためにどうしても必要だった、という自分の〝本気度〟を示して見せたかったのであれば、力を注ぐべきは後半部分だった。これは、あくまでも私の個人的価値観にすぎないと言われてもいいけれど、元少年Aが、どうしても本を書かなければ生きていくことが覚束なかった、と本気でいうのであれば、後半部分で、自分自身をもっと容赦なく追い込み、死んでも償うことのできない罪を背負ってしまった葛藤とか、贖罪の困難さとか、そんななかでもがく自分と向き合うとか、そんなことを書いてほしかったし、その上で出版してほしかったと思います。しかし最悪の形で書かれ、最悪の形で世に出てしまった。私が、一部と二部の文章の落差から感じたのは、こんなことです。

くり返していいですか。第一部と第二部とに、なぜこれほどまでの落差が生じたか。書かれた時期が違っている。ずっと以前のものと近年のもの、という推測がひとつ目。近い時期だとすれば、力の入れ具合がまったく異なっている。それはなぜか。どちらにしても、本当に残したかったのは第一部のほうだったのではないか、第二部の「文章」が密度を書くのはそれゆえではないか。さらに考えることはあるのだけれどここで留めます。

おそらくこの本を読んだ多くの人が感じた不快感は、倫理上の問題もさることながら、第二部のあまりの無内容さを感じ取ったゆえの反応だったのではないかと思います。

北明　たしかに前半、第一部は、事件直後に新聞社などに送り付けられた「声明文」をほうふつとさせるものになっていますね。それに比べて後半は、無味乾燥で無内容というのは言い過ぎかもしれませんが、事実関係の羅列がほとんど、という文章です。

それでこちらの印象を言うと、何を書き、何を書かないか、その取捨選択が著者にとって非常に都合のよいものになっているということでした。不都合なことは書いていない、あるいは何かしらの不都合な事情があったことについては、意図的に取り上げられていない。通常であれば、書きたいことを書く、書きたくないことは書かない、というのはなんら非難されることではないわけですが、この本は元殺人者による「手記」であり、被害者が実名で登場する。そうすると、被害者にたいしては最大限の配慮がなされなくてはならないという倫理的要請が、おのずと出てくる。ぼくはそう思う。

この本では、いろいろな人やことに〝配慮〟されています。誰への配慮か。自分の家族です。家族への配慮であり、謝罪です。それはとてもよく伝わってくる。これも通常ならば、なんら批判されることではないけれど、それに比べて、被害少年については、こんなことまで書くのか、と何度となく本を閉じるような描写が多く見られるものだった。

配慮されるべきは自分の家族以上に、被害者であり、その家族だろう、内容の取捨選択があまりに身勝手すぎる。どうしても、そんな感想が口をつくのです。さっき、「自分を追い込んでいない」と話していたけれど、こんな身勝手な選択をしていることからも、それは伺えます。都合の悪いことから逃げている限り、自分を追い込めるはずはない。

すでにたくさんの方によって指摘されていることですが、母親についての記述、少年院でどんな療育を受けたのか、というその内容。これらについての重要な点は、なんらかの配慮すべき事情があったのかもしれないけれども、ひとつも触れられていない。

佐藤 大事なことで書かれていないことは、もう二つありますね。元少年Aは、非常に激しい衝動性と暴力性を持っていた。一一六ページで、喋らない男の子への執拗な暴力が書かれるし、友だちの顔や頭を、腕時計を拳にまいて殴りつけたという記述もある（七五、七六ページ）。時計をこぶしに巻いて顔を殴るなんていう無茶は、そうとうやんちゃな中学生だって滅多にしませんよ。弟さんも、小さいころからかなり被害を受けているでしょう。しかも暴力をふるった後、本人には、ほとんどこころの揺れがない。感情を動かしていないのです。この点は、私にはかなり気になったところですが、こうした自分の暴力性がどうなったのか、いっさい触れられていません。

もうひとつは性について。あそこまで常軌を逸していた性倒錯が、その後どうなったのかについても、きちんとした記述はない。本の中では封じ込められている。

大事なことは、ここまで指摘してきた四点、母親のこと、激しい衝動性や暴力のこと、性倒錯の問題、院内での生活や教育のこと、というこの伏せられている四点は、密接に関連し合っていると考えられることです。

北明 まったくそう思います。さっき、ぼくは「配慮」という言葉を使ったけれど、伏せられたことには何かしらの理由がある、むしろ小さくない理由があったからこそ伏せなくてはならなかった。

でもこのあたりは、これ以上、勝手な推測は慎むべきところかもしれない。

佐藤 そうですね。ひとつだけ言ってもいいだろうと思うことは、この少年の「更生」という問題を考えるとき、家族関係の修復、性的なものも含んだ衝動性や攻撃性・暴力性の自己克服（いわゆるアンガーマネジメントをはじめとする認知訓練）、ソーシャルスキルを含めた人間関係の自己調整力など、このあたりが最重点課題になっただろうと考えられることです。そして、二人関係（擬似的な母子関係）の修復や信頼の回復は、大前提になる課題だったと思います。この点も、本の中ではがっちりとガードされているのですが。

北明　これは本当に素朴な印象ですが、元少年Aは、一四歳の時点で成長を止めてしまったんじゃないか。第二部を読みながら、そんなことを感じたのですが。

佐藤　なるほど。本の中でも、被害男児に手をかけたとき、自分の全エネルギーを使い果たしてしまい、その後、生きる意欲をまったく失くした、という趣旨のことが書かれていますね。生きるエネルギーを失くせば、当然、生きようとする意志も意欲もなくなります。生きようという意志や意欲がないところでは、これまた当然ながら、成長や発達はおのずと止まってしまいます。

たとえば激しい暴力やネグレクトを受けた子の発達が遅れてしまうケースは、しばしば報告されます。生きようとするエネルギーや意志を、激しい虐待は、暴力的に断ち切ってしまうのですね。児童虐待は、それほど甚大な被害を与える。

いまの「成長を止めてしまった」という表現が正しいかどうかは別にしても、第二部から受ける印象は、年齢相応に成長したところと、幼稚さを残すところとのギャップがあります。確かに歪つな印象を受けますね。

暴力や攻撃性はどこからくるか

北明　この辺で最後の難題に行きましょうか。『絶歌』の作者は、どこまで「更生」しているのか。「全然更生していないじゃないか」など、たくさんの危惧が言われていますが、この「更生」について。

佐藤　最初に言ってしまえば、元少年Aの「更生」がどこまで果たされているか、社会的には最も関心をもたれているところだろうとは思いますが、判断材料が圧倒的に不足しています。判断がつきかねるということもあるし、それ以前に、軽々とは口にできないという思いもあります。

一般論として「更生」をどう考えるか、これまで多くのケースを通してどう考えてきたか。そういった内容の話になるかと思いますが。

北明　わかりました。それで、最初のほうで林直樹氏の論文について紹介していたと思いますが、暴力性について、そのあたりのことから始めてもらいましょうか。

頭のところだけこちらから紹介すると、暴力や攻撃性には二つの考え方がある。人間に生来的に備わったものであるとする考え方と、二次的に、人間の基本欲求（性的対象、食物や水、自尊心の保持）が充足されなかった結果生じる反応であるとする考え方。この二つであり、治療も異なる、と書かれている論文ですね。

佐藤　そうです。この雑誌全体が、林氏をはじめ、非常に学ぶところの多いものですが、林氏の論文から引用します。「ここでとくに重要なのは、養育期における欲求が充足されなかったという体験（養育者との関係におけるある種の欠陥）からその後の暴力（攻撃性）の発現に至るという捉え方である。そこには、養育期における対象希求が拒絶されることによって攻撃性が発展すると主張するFairbairn（1952）の見解や、養育者との関係の欠陥によって自己対象関係（対象を自己の一部の関係のように見なす対人関係）が形成されるようになり、その関係の破綻から攻撃性が生じるというKohut（1977）の理解が含まれる」（p9）

いま言われたように、この二つの考え方は相違する対策を導くとし、次のように書いていています。

「（略）すなわち、前者では攻撃性（略）を暴力という形を取らないものにすることが目指されるし、後者では欲求が充足されないと言った問題の発生を予防すること、及び養育者によって欲求が充足されなかったことによって生じた一種の欠陥（個人間要因）を修復することが求められる。」（p9）

ここが出発点です。ものすごく簡単に言うと、次のような感じです。まず、養育期における欲求がスポイルされたという体験は、共通している。次に、徹底的に「拒絶」されることによって、拒絶した相手への怒りが攻撃や暴力の源泉になる、という捉え方がひとつ。もうひとつは、相手と一体化していた快の体験が断たれ、自分のなかに抱え込んだ欠落が暴力の源泉になるという捉え方。

前者についての対策は、相手に対する怒りの感情があることを知り（気づきの体験）、メタレベルの感情認知に高めることで、怒りを、他の感情へ向けるスキルを身につけること。認知行動療法的な対応策です。後者は、文字通り養育期の愛着を追体験すること。言われるところの「育て直し」です。養育期の愛着欲求を体験し直し、愛着関係・基本的信頼関係をつくり、感情、共感、規範などの再構築をはかる。

「かりいほ」のような生活支援の場所でも、この二つの方法が、さまざまな場面を利用しながら援用されていくのが基本だと思います。

北明　「かりいほ」は、それこそ「育て直し・生き直し」の場ですからね。

佐藤　林氏の論文はここから、「個人内要因」と「対人関係に由来する要因（個人間要因）」に大別して論じていきます。

暴力を誘発する個人内要因は、衝動や感情のコントロールの弱さ、情性欠如であること（共感困難で冷酷であること）の二つ。そして、脳の画像診断や、脳形態学研究、脳機能学的研究の最新の成果を報告していきます。

すべては紹介できないし、キーワードのつまみ食いみたいなことになって申し訳ないのですが、

「画像診断による研究（略）において、衝動的な行動や感情刺激への過剰な反応性に関わる特徴（前帯状回皮質が小さいこと、嫌悪感情に対して扁桃体や海馬が強く活性化されること）を示す」

「画像診断による研究では、衝動性の高い反社会性・境界性パーソナリティ障害において、通常生じるはずの不安や恐れが体験されないこと（一種の情性欠如）を示す右側側頭葉皮質、右最前部及び腹側前頭前野皮質の血流低下、扁桃体の機能の低下と言った所見が見出されている」……

そのほかにもまだ大事な点はあるのですが、とりあえずこんなところで。

シロウトの、当たり前の感想になって申し訳ないのですが、脳の、どこかの部位がピンポイントでトラブルを起こしているから攻撃性が高まるとか、共感感情が欠如するとか、さすがにそんな単純なものではない、ということはわかりました。脳はネットワークのように機能するのでしょうから、恐ろしく複雑になる。

北明　加えてそこに、体験とその質、感情や心理も積算される。

佐藤　そうですね。脳の部位が、感情や心理、行動に与える影響と、その逆、感情や心理、行動が脳に与える影響も考慮しなければならない。難しい。

激しい怒りを感じたときに、脳のどの部位がどう変化するのか、細部にわたって特定されていくことが、研究が進展することだとします。この研究成果が、たとえば認知行動療法やそのほかの治療技法にどんな影響をもたらすのか。シロウトの感想としては、こちらに関心が向くところです。

北明　林氏の論文は、このあと、「対人関係に由来する要因（個人間要因）」について論じていきますが、そこでとりあげられているのが、愛着行動の問題と、心的外傷の問題です。

佐藤　簡単に紹介しますが、養育期の愛着関係が安定しているか不安定かを調査し、いじめとの関係についての研究

が報告されています。不安定型の人は、いじめの被害者にも加害者にもなりやすい、という指摘が注意を引いたところでした。

ＰＴＳＤが攻撃性を持ってしまうのは、彼らが自己評価に重大な障害をもってしまうことの反映だからであり、他者を自分自身と同様に尊重に値しない非人間的な存在として認識し、他者を支配するという願望を正当化して、暴力を発生させる、概ねこのような紹介がなされています。

長くなりましたが、おおよその筋道はつかめたかなと思います。これが脳科学の知見です。

それで我田引水のようになりますが、脳の知見から出発するか、生活支援という生活の場から出発するか、一見、大きな違いがあるように考えられますが、出会うところは近い。林氏の論文から、そんな感想を持ちました。

「更生」について

佐藤　それで、私の立っているのは生活支援という場所なわけですが、「更生」については二つほど話しておきたいことがあります。

ひとつは、どれだけ精緻で素晴らしいプログラムがつくられ、すぐれた人材がそのケアに当たったとしても、本人に治したいという気持ちがなければ、効果は発揮しにくいということです。そして抱えている問題が重篤であればあるほど、言い換えれば、犯罪事実が重大で深刻なものであればあるほど、この、治したい、社会復帰したい、生きたいという気持ちをどう取り戻すか、それが重要になるし、ひょっとしたらすごく時間のかかる作業になります。

基本的な筋道としては、キーパーソンとなる支援者と愛着関係や信頼関係をつくっていくということになるのですが、支援についての私の個人的見解をいえば、人間には回復力、修復力がある、だから信頼できる人ができて、生活環境が整えられ、その人にとって生きてく上で安心で安全な条件をつくることができれば、自己回復力が少しずつ修復されてくる。それがまずは目指される最大のものであり、その一助となるのが支援者の役割であるというものです。

これは、「かりいほ」でも、もうひとつ私が関わらせてもらっている「ふるさとの会」でも、基本となる考え方になっている、といっていいと思います。更生にも、療育や教育にも、心理的治癒にも、共通する前提だろうと思います。もちろん一般論としてですよ。

これがひとつです。本人が、少しでも前に進みたい、よりよく生きたい、そういう状態を、どうやって取り戻してもらうか。

もうひとつは「更生」というものは、たとえば「一定期間、集中してある特化的なプログラムでトレーニングをしました、メニューを終了しました、更生しました」というものとは、どうも違っているようなのです。ある時、突然、設定が更生バージョンに変更された、というようなものではない。

「かりいほ」も「ふるさとの会」も、かなり苛烈な体験をもつ人たちを支援する現場ですが、少なくともそこでケースとして取り上げられてくる人たちは、そんなふうに絵に描いたようにはランディング（社会復帰・更生）していかないのです。行きつ戻りつを繰り返しながら、時間をかけて、少しずつ環境になじみ、人に慣れ、自分の生きる場所とかたちをつくっていく。

いわゆる問題行動や障害（生きにくさ）と言われるものが、消えてなくなることはないのですが、それらを持ちながらも、生きていくスタイルができあがっていく。そして小康状態を、少しずつ持続できるようになる。私が「更生」にたいして抱くイメージは、おおよそのところこのようなものなのです。

『絶歌』が発売された後、週刊誌や雑誌で多くの人が「更生したかどうか」について、感想を述べていました。それを読んだとき、「更生した／更生していない」という二者択一で「更生」というものを考えているようだったのが、とても違和感を覚えたところでした。

北明　いまの、更生には時間がかかるという話はそれなりにわかるのですが、しかし元少年Aの場合は問題が問題だから、「時間がかかる」などというのは社会的に許容されないのではないでしょうか。世間からは、ちゃんと治してから出て来い、と言われてしまいませんか。

佐藤　わかりますよ。だから、一般論として言えば、ということであり、少なくとも私の経験的な知見の中ではこうなっている、という話です。地道な作業を地道に積み重ねていく。今日一日を無事に過ごすことができた、何とか半年一年を、何事もなく過ごすことができた、できるようになったというのが、私の持っている「更生」についてのイメージです。

それからもうひとつ言いたいことは、出院の後（あるいは出所後）、彼らの生きる場所がなければならない。社会に受け皿をつくらないといけないわけです。どこかで、誰かが、受け皿にならなくてはならない。「かりいほ」も、

「ふるさとの会」も、支援を求められたら断らない、可能である限り誰でも受け容れる、ということを基本的な考え方として運営されています。

実際に、かなり厳しい例も受け容れていることを知っていますし、私は横から勝手なことを言っているだけですが、でも、どこかが受け手にならなくてはならない。

そのときに受け容れる側に必要なのは、さまざまな情報です。どこでどんなふうに過ごして来たのか。生育歴や病歴、人間関係、場合によっては犯歴など、適切な支援につなげるためには、できるだけ多くの情報があったほうがいい。更生保護関係の情報、医療関係の情報、これがまた悩みの種です。個人情報の守秘義務が厳しくかけられている。児童相談所や教育関係もそうですね。この高いハードルをどうやって超えていくか。

そしてもうひとつの難問は、社会が本当に「更生」を言うのであれば、まずは社会のほうが（つまり私たちが）、彼らを受け容れなければならないのだけれども、いざとなるとこれがなかなか難しい。地域生活支援を目標として始めたのに、形を変えた地域収容主義（いささか物騒な言葉ですが）になってしまったら元も子もないわけです。これが難問で、事業所にとっては勝負どころでもあるわけです。

「かりいほ」も、「ふるさとの会」も、地域のなかで孤立しないためにはどうするか。いつも自己検証を求められるとても大事な課題です。支援というのは相互交流だから、受け容れる側にも、タフネスと、自分たちをモニタリングする力と、社会的公正さと、マネジメントする力が求められる。二つの現場からは、いつもそのことを教えられます。そしてスタッフの皆さんのモチベーションが、驚くほど高い。だから逆に、社会復帰とか「更生」というものは、どちらにとっても多大なエネルギーなくしてはあり得ないものなのだ、と思います。

『絶歌』からは離れてしまいましたが、出版の是非や内容についての感想にとどまらず、改めて一からいろいろなことを考えるきっかけになったというのが、最大の感想といえば感想です。

特集▶1

セラピーをめぐって

I 『セラピスト』をセラピストたちが読む

最相葉月『セラピスト』はどう書かれたか

『絶対音感』余波と『青いバラ』以後

レポーターの方には丁寧に読んでいただき、ありがとうございました。皆さまのような専門家を前にお話をさせていただくのは、非常に緊張することですし、恐縮しております。今回、佐藤さんにお声をかけていただき、『セラピスト』が完成するまでの経緯と、ノンフィクションというジャンルについてどう考えるかについて話をしてほしい、というご依頼がありました。

この本を出してから、たくさん著者インタビューを受けました。いつも思うのですが、書いた本について自分が話すのは非常に居心地が悪いものです。もう次のテーマに向かっていますし、振り返るのは苦手なのですね。

そこで皆さんに共通して訊かれることは、「なぜこのテーマを選んだのか」ということ、「なぜ学校まで通って勉強をしようと思ったのか」、「なぜここまで自分をさらけ出したのか」という、だいたいこの三点です。正直なところ、あまりはっきりとした答えはもっていなくて、後付けで話していたようなところがあります。今日のお話も後から物語を作っているところがあるかもしれませんが、どうかご了承ください。

この本でとりあげている箱庭療法に興味をもったのは、二〇〇一年です。このとき、河合隼雄編『箱庭療法入門』ですとか、『箱庭療法研究』という三巻の本があるのですが、この四冊を手にしています。書き下ろしの前作が『星新一』という作家の評伝なのですが、その頃、星の取材が始まり、加えて遺品の整理をすることになって、とてもではないですが、他の書き下ろしにかかわることができなくなり、箱庭療法は一度棚上げしてしまったのです。

では、なぜこの時期に箱庭療法に興味をもったかというと、これはあまり外では言っていないことですが、二〇〇一年という年は、私にとって大変しんどいことが重ねて起こったときでした。一つは、九八年に出した『絶対音感』に対する裁判です。指揮者のバーンスタインが青少年のために行なったコンサートの逐語録があるのですが、それを管理している事務所から翻訳をお借りして、その一部を引用しました。出典は明記しているのですが、翻訳者の名前がなかったのです。元々の逐語録にも翻訳者の名前はなくて、私も事務所が持っているものだからと信用してそのまま使っていたら、翻訳者の方から、これは著作権侵害にあたると訴えられ、一千万円の賠償金を要求されました。

九九年に裁判になったのですが、本はそのときにすでに非常に売れていまして、そのこともあって賠償額が巨額になったのです。結果的に賠償金は百万、本の回収という決定もなく、裁判所も（不当な引用ではなく、許される引用の範囲であるという）妥当な判断をしたので高裁で止めたのですが、この裁判のしんどさが、九〇年代後半から二〇〇〇年代前半まで続きました。これが一つです。

もう一つは、父親が舌がんと咽頭がんになりまして、余命半年という宣告を受けました。このことは本にも書いていますが、母親が二〇年くらい前から脳出血の後遺症を患い、車いす生活になっているのですが、そこに加えて父ががんになり、私の遠距離介護が増えたのです。介護がダブルになったことと、裁判があったことで心身共に疲れ果てて過呼吸を起こしてタクシーで救急窓口に行ったり、ということが重なって、心理の世界を覗いてみたいと考えたのがその頃だったのです。

ただ先ほど申し上げたような理由で、星新一の取材と遺品の整理に入っていましたので、いったん棚上げし、そのうちに私自身もそのことを忘れていきました。ところが、二〇〇七年に河合隼雄さんが亡くなり、追悼する資料を読むうちに、自分が箱庭療法に興味を持っていたことを思い出しました。星新一を書きあげた翌年の一年間は遺品整理が続いていたのですが、二〇〇八年になってもう一度やり直そうということで動き出したのです。

中井先生にはその前年、『Voice』（ＰＨＰ研究所）という総合雑誌で取材する機会がありました。私は出身が神戸ですので、阪神・淡路大震災後の心のケアの活動とともに、中井先生のお名前は存じておりました。また神戸新聞を愛読しており、そこに中井先生は「清陰星雨」というエッセイを書かれています（＊1）。

私はそのファンでもあり、他にも随筆集をたくさん読んでいたので、ぜひお会いしたいと思いました。雑誌の編集の方からは、「働き盛りの人々の心の問題を考えたい」をテーマにと言われたのですが、私のほうはひとえに中井先生にお会いしたいという気持ちでした。一時間半くらいのインタビューでしたけれども、この取材でお目にかかって、非常に感銘を受けました。なぜ自分は精神科医になったのかというお話もしてくださいました。そのときに中井先生に、「あなたのことを知っています」と言われたのです。

非常に驚いていますと、「『絶対音感』は、精神医学界でも貢献しています」とおっしゃられた。絶対音感の苦しみを訴える患者さんが多いということで、あの本ではたくさんの音楽家の体験を聞き取っておりますので、そのことが臨床をやっておられる先生方の参考になったのだろうと思われます。

『セラピスト』の方法(一)——テーマを掘り下げる

雑誌のインタビューのときに非常に感銘を受けたということもありますが、箱庭療法の取材を始めてから、改めて中井先生にお会いしました。中井先生も臨床で箱庭療法を採用されていたからです。河合隼雄先生の思い出なども伺ったのですが、そこで初めて、お二人が会って会話を交わされたときのことも伺いました。そのときに私は、これは一つのノンフィクションとして成立する、ということを確信しました。

人と人との出会いがあり、そこから世界がガラっと変わっていく。非常に大きな歴史的転換です。これまでのノンフィクション作品はすべてそうだったのですが、この歴史の変わり目を軸にして精神療法の歴史と現在を書いていけば、一つのノンフィクションになるだろうということを、そのときに考えたわけです。

東洋英和大学大学院で、精神医学講座を受講したのですが、大学院の講義は専門的ですし、臨床とは遠いことを教えられたりもするので、もっと臨床に近いところで学びたいということも考えて民間の教育機関にも通いました。ノンフィクションを書くときには、私自身がまずその世界に入ってみるということを、自分自身に課しているからです。『絶対音感』を書いたときには、国立音楽大学大学院の別科調律専修というところで勉強させていただきました。じつは調律と絶対音感とは関係がなくて、調律は相対音感なのですが、逆に相対音感の世界から絶対音感を見たらどうなるか、調律師から見たピアニストの様子はどうか、などを聞き取ることができましたので、私にとっては重要な経験でした。

『青いバラ』は、遺伝子組み換えによって、サントリーがこれまでになかった青いバラを作る、という報道をきっかけにバラの育種の歴史をたどったノンフィクションですが、このときには東京農工大学の遺伝子実験施設の、初心者コースに通っています。遺伝子組み換えがどういう技術なのか、自分自身でもやってみようと考えたのです。

今回の『セラピスト』も、私自身はまったくのシロウトですので、まず専門の方々がどういう勉強をなさっているのか、セラピストという存在がどう養成されるのか。それを知りたいし、私自身が基礎知識を得たいということもあり、学校に通うことに決めたわけです。もう一つ、私のような仕事は取材をして書く、公表する、ということを前提にしていますが、セラピストには守秘義務があります。人をケアしながら、自分のなかにどんどん貯め込んでいきます。これは大変な仕事だ、皆さんはどうされているのだろう、ご自身の気持ちをどう保っておられるのかを知りたいということも、学校に行くことになったきっかけです。

それから、先ほどレポーターの香月さんにご紹介いただいたように、箱庭療法を行なっている木村晴子先生から、この世界を取材するのであれば、あなた自身も自分のことを知らないといけない、と言われたのですが、これは、最初は反発を感じた言葉でした。四〇数年生きてきて、自分のことを知らないといけないというのはどういうことなのか。そんなことは分かっているわ、という思いも原動力と言いますか、背中を押されることになって取材をしていくわけです。

『セラピスト』の方法(二)――歴史を知る

もう一つ私が自分に課していることは、歴史を知ることです。いま、カウンセリングは普通に行なわれておりますし、街にはカウンセリングルームがたくさんある時代ですけれども、そもそもカウンセリングというものは日本語ではないわけですから、どこから始まり、どこから来たものなのか。誰によって入れられたもので、どうしてここまで日本において普及したのか。そのことを調べたいということで、歴史をたどっています。

いまあることを知るには歴史を知らなくてはいけないわけで、では戦前にはなかったのか。戦前であれば、カウンセリングという言葉を使わなくても人に悩みごとを相談するということはたくさんあったはずで、そのことと、体系化されたカウンセリングとの違いをしっかりと見ていく必要がありました。そこで、参考文献を読み込んでいく作業になるわけです。

このときに大事だったことは、原典に当たるということです。カウンセリングの導入とか、ロジャーズがどう紹介されたかとか、これまでにもいろいろな研究がなされており、論文もたくさん出ています。それらの参考文献はどうなっているのか、GHQの文章はどうなっているのかを押さえておく必要がありました。いまGHQの資料の多くは国会図書館で読めるようになっていますので、通って調べました。

たとえば、『占領期教育指導者講習（IFEL）基本資料集成』という本が、高橋寛人先生の手で一九九九年に出されています。分厚い三巻本です。そこに、戦後間もなくGHQが全国から学校の先生を集めてアメリカから教育学者や心理学者を呼んで講習をしたという記録が残っているのです。

そのなかに、のちに京都大学で相談室を開設する正木正などの資料があるわけですが、そこで正木先生が、おそらく、間接的にロジャーズを知っただろうということも、本の中で書いています。その後、どういうカウンセリングが日本に入ってくるのか。ロジャーズの〝耳を傾けるだけのカウンセリング〟では立ちいかなくなり、河合隼雄が一九六五年にスイスから帰国して箱庭療法を始め、六九年の第一回芸術療法研究会で中井久夫と出会い、ということは本に書いてあることなのでくり返しません。

もう一つ、歴史を書くときに大切なことは、批判的な論考も一応押さえておくことでした。河合隼雄さんであれば、『心のノート』に対して大きな批判が寄せられていました。そのことも取材はしており、なぜ『心のノート』ができたか、私自身は分かっています。

それから『「心の専門家」はいらない』という本を書いた、小沢牧子先生がいらっしゃいます。小沢先生の本もたくさん読みました。『「心理テスト」はウソでした』という村上宣寛先生の本も読みましたし、中井久夫先生を批判した矢幡洋さんの原稿も読んでいます。中井先生が翻訳されたハーマンの『心的外傷と回復』について、その社会的な副作用を批判したものですが、中井先生は一方でハーマンに批判的なヤングの『PTSDの医療人類学』も翻訳され、その解説で「概念は批判的に導入されなくてはならない」と書かれています。拙著ではとくに言及していませんが、矢幡氏の批判も的外れな批判になっていることを把握しています。

あと記述について私が注意したのは、中井先生の描き方です。じつは本の中で中井先生は、「逐語録」以外では、リアルタイムでは登場されていません。亡くなっている方も含め、中井先生以外の方々と、同じ視点から書いています。それは読みやすさをはかるとか、精神医学史の中での位置づけに距離を取るためとか、いろいろな理由はあるのですが、記述について私が注意をしたのはこの点です。

『セラピスト』の方法(三)——時代背景とその洞察

そのほか、取材はしたけど書かなかったことがいくつかありますので、そのことを少しお話しします。

一つは、テレビドラマについてです。八〇年代のバブルに突入していく頃に、心の問題が出てくるであろうことを予測したドラマがありました。一九八二年に芸術祭大賞をとった「リラックス　松原克己の日常生活」という、関西テレビが制作した番組です。脚本家は田村正健で、NHK連続テレビ小説の「雲のじゅうたん」(七六年)、大河ドラマの「信長」(九二年)、はじめて堤真一と南果歩が主演した「橋の上においでよ」(八七年)など、たいへんすばらしい作品を書いている脚本家です。

「リラックス」は、三〇代半ばの江守徹が主人公で、郊外に家があり、二人の子どもがいる。妻は、和歌山に住む舅、姑と非常に関係が悪くて、主人公の江守徹はそのことで頭が痛い。同時に会社では中間管理職で、上司と部下の板挟みになり、しんどい日々を送っている。あるとき自宅に強盗が入り、そこから家族全員が不安定になっていくのですが、会社に行けば収賄問題が発生していて、その後処理でガタガタになっている。そんなある日、主人公が妻を強盗と間違えて木刀で殴ってしまうのです。これで、やはり自分はおかしいと考え、精神科医を訪れ、精神科医との出会いによって徐々に回復していくという、そういうストーリーです。これが八二年で、そこからバブルに突入していきます。

　河合俊雄さんによると、バブル期にはボーダーライン（境界例）が増えるという話でした。人間の欲望が究極まで突っ走ったことや、物やお金に執着するという時代背景や精神構造が、境界例に関係しませんかとうかがったところ、決めつけることはできないけれども、と河合先生はおっしゃっていました。そういう時代背景があったわけです。

　もう一つ大きな変化として、二〇〇〇年、今世紀に入ってからインターネットの使用が加速していくことです。そのことで、特に若い人たちが、直接コミュニケーションを取ることが苦手になっていく。同じ会社の中でさえメールでやり取りをしているのです。私自身も、若い編集者がメールで連絡をしてくるようになったので、これはどういうことかと戸惑ったことを覚えています。

　それから景気が非常に悪化していましたので、毎年の正規採用がなくなっていき、自分はいつまでたっても新入社員、上を見ると年齢の離れた先輩がたくさんいる。これまでは先輩に連れられて現場で仕事を覚えていく、オン・ザ・ジョブ・トレーニングが主体だったものが、だんだん変化していく。拙著には広告会社の話が出てきますが、出版界も同じで、仕事の仕方を教えて下さいといったようなことを、真顔で尋ねられることが私にもありました。ところが、じつは科学者も同じだったということを、最近のＳＴＡＰ細胞の問題で知って愕然としたのですが。

　疲弊し、余裕もなくなった現場に、一度の失敗でガタガタと挫けてしまってなかなか回復できない人たちが非常に増えている。これは甲南大学相談室の高石恭子さんのコメントからも伺えることです。うつ病患者はいまや百万人を超え、三〇代から四〇代前半のうつ病の方が急増している。うつ病の社員や職員を抱えることで、会社や学校も疲弊していく。そういう時代背景です。

　うつ病をテーマにした映画もいくつか作られています。二〇〇八年には、橋口亮輔監督の「ぐるりのこと」という作品がありました。出版社に勤める妻（木村多江）と、裁判所でスケッチを描く夫（リリー・フランキー）が主人公で、子どもを失ったことがきっかけになって妻がうつ病になってしまう。その回復にどう夫が寄り添っていったか、という夫婦の物語です。

　漫画家の細川貂々さんのエッセイマンガを原作とした、「ツレがうつになりまして」という映画も大きな話題になりました。

私が取材を開始したのは二〇〇八年ですから、まさにこのテーマは重要であると思い、書いていったわけです。

『セラピスト』の方法(四)
――仮説・コンセプト・取材

もう一つ、自分をなぜここまでさらけ出したのかという問いについてですが、逐語録のもととなる絵画療法体験を最初にご提案してくださったのは、じつは中井先生だったのです。実際にやってみないとどういうものか実感として分からないだろうから、体験してみませんか、とおっしゃっていただきました。後半で、中井先生と私は役割を交代していますが、あちらも、セラピーをする側の気持ちも少しは分からくては、ということで、非常に怖いことではあったのですが、やらせていただきました。

転移・逆転移については、みなさま当然ご承知だと思いますが、中井先生はやはり巨人なので、取材をするときに非常に緊張するのです。最初のインタビューのときには怖いもの知らずでしたが、本格的な取材を開始すると本当に緊張しまして、何を訊いたらいいか分からないし、圧倒されながら萎縮していく自分というものを感じていたのです。写真家の秋山庄太郎さんでしたか、大人物を撮影するためには、自分にもそれだけのものがないといけないということを、どこかでおっしゃっています。秋山さんは、川端康成とか松本清張とか、大家と言われる昭和の著名な作家たちを撮って来た写真家です。その言葉を思い出すような、自分の至らなさを知るような取材でした。

ところが、逐語録を取るために風景構成法のやり取りをさせていただくなかで、私の緊張が取れていったのです。自分でも不思議でしたが、自分自身のことを語り始めたことも開放感の一つでした。そのとき、中井先生とのやりとりは世に出さないといけないということを、強く感じました。それまでは外に出す気はなかったのですが、これを出すことで、理解が深まる時間や空間があると考え、公開することに決めました。もちろん、先生からも許諾をいただいています。

ところで、どういうふうに書くかという問題についてですが、私が大切にしていることに科学的な思考方法があります。

科学者はある仮説の正しさを証明するとき、反証実験を繰り返して仮説を強固なものにしていく。もし反証する実験結果が出れば、最初の仮説は修正される。その作業を繰り返して一つの論文を書いていきます。ＳＴＡＰ細胞論文の場合は、自分たちのストーリーに合わないデータを見ない、あるいは捏造して、今回のような事態が起きているわけですが。

これは、少なくとも私のノンフィクションの書き方でも、まったく同じです。最初にある仮説がありますが、取材を進めていくとその仮説に合致しない事実が次々に出てきます。

何人かの小説家の方にインタビューをして、ノンフィクションとの決定的な違いだと思ったのは取材の方法です。小説家は、最初に明確なプロットがあるわけです。起承転結の構成も決まっています。取材もするのですが、彼らの取材は自分のストーリーを裏付け、補強するための取材です。この点がノンフィクションとは明らかに違うのです。

私にも仮説はあるわけですが、取材は仮説を裏切ることの連続で、プロット、目次というものは、書きだす一年前くらいになってやっと粗いものができ上がる。それまではストーリーも揺れ、仮説も揺れる、という連続で、そういう不安定な状態で取材をしながら学校にも通っていました。そして最後の最後、書きだす一年くらい前になっておおよその目次ができ、それから書いていきます。書きながらまた新たな事実が現われ、修正するということを続けながら、今回のような形になりました。

私は、ノンフィクションもフィクションである、事実を何一つ歪めることなく記述することは不可能だと思っています。「銀河鉄道の夜」に、〝地歴の本〟というものが出てきます（＊2）。それはある都市の人びとが考えることをすべて網羅した本、という説明で、そんなものは書けないという意味だと私は受け取っているのですが、心理療法の全てを書くことは不可能ですから、どうしてもコンセプトというものが必要になります。それがないと全体がまとまりのないものになってしまう。コンセプトを最後まで持ち続けることができるかどうかが、ノンフィクションを書きあげていく一つの重要な点です。

自分の仮説やストーリー、コンセプトがあるからには、それは完全なノンフィクションとは言えないという意味でフィクションであるということなのです。どんなノンフィクション作品にも著者の見立てがあり、著者のコンセプトがあり、著者の切り口があります。できるだけ自分の目指すノンフィクションに近づけるために、取材を重ね、資料を読み込み、一歩でも真実に近づきたいと考える。そうでなければ、最終的には書きあげることはできません。

ノンフィクションというジャンル

もう一つ、佐藤さんから尋ねられた「ノンフィクションというジャンルについて」ですが、じつは私は、そういうことを考えたことがなかったのです。

最初に書いたノンフィクションは、競輪の選手についてのルポルタージュです（『高原永伍、「逃げ」て生きた！』徳間書店）。二六歳くらいのときに書いたのですが、そのときには会社勤めで編集の仕事をしていて、ライターではありませんでした。

あるとき、大阪で勤めていたときの上司に久しぶりに会い、おもしろい選手がいるからということで競輪場に連れて行かれました。高原永伍という選手で、「逃げ」の戦法をとり、二〇年来、競輪王として走ってきた人ですが、彼はそのとき一番下のクラスで走っていました。

「逃げ」は風圧を一番強く受けますから、年齢とともに「マーク」や「追い込み」といって人の後ろに控えて風を避け、最後に追いこしていく作戦を取るようになります。けれども高原選手は年をとっても逃げて、そして負けてしまう。しかもものすごい声援を浴びている。この選手は負けているのに、どうしてこんなに人気があるのかと思い、それから調べ始めました。全国の競輪場をまわってレースを見て三〇〇枚ほどのルポを書いたのが、私の最初の本です。出版したのは九四年ですが、原稿はそれよりもずっと前にできていました。つまり、ノンフィクションとは何かとか、ライターとは何かということを考えずに書いてしまったわけです。

『絶対音感』は小学館ノンフィクション賞に応募した作品で、受賞当時、新聞社の人に、肩書はどうしますかと訊かれました。迷っていると、ノンフィクションライターでいいですかと言われたので、はいと答え、そう印刷されたのがこの肩書きを名乗ることになった経緯です。けれども私の名刺には肩書きが入っていないのです。自分からノンフィクションライターとは、あまり名乗らないといいますか、自分で枠を作ってしまうのはどうかと思い、フリーのライターです、というのが、私自身のスタンスです。

ただ、自分の出した本がノンフィクションという枠組みで語られることが増え、これはノンフィクションというものをちゃんと知っておかないといけないと考え、いろいろ本を読んできました。

私は、広義のノンフィクションと狭義のノンフィクションというものがあると思っています。広義のほうは、風土記や日本書紀でも、歴史を伝えるある種のノンフィクションです。過去に書かれた日記類も、その人の一方的な視点ではありますが、自分の感じたことを記すという、ある側面から言えばノンフィクションです。

二〇世紀の初頭くらいから、いわゆるノンフィクションとはいわないですが、日本の作家のなかにも、取材して事実を記述していくという、記録文学と呼ばれる作品が出てきます。大佛次郎の『天皇の世紀』や吉村昭の『戦艦武蔵』など、こうした記録文学もノンフィクションだと語る人たちもいます。空想、フィクションではない、事実に基づいたという意味で広義のノンフィクションです。

一方、狭義のノンフィクションですが（これは私の位置づけではなく、ノンフィクション作家の方々が語っておられることですが）、六〇年代後半のアメリカで興隆したニュージャーナリズムがあります。客観的な事実を書くだけではなく、取材者が取材対象に直接かかわるという作品の書き方で、当時、非常に脚光を浴びました。

たとえば、トールマン・カポーティの『冷血』（一九六五）は、ニュージャーナリズムの代表的作品だと言われます。カンザスの農家の惨殺事件が描かれていますが、カポーティは加害者の一人に取材をしながら、いつの間にか感情移入をしていきます。ものすごい理解者になっていくわけです。

相手に共感していく一方、自分は作家であるから、早く本を出さないといけない。それはつまり、加害者に対して早く死刑になって欲しいということです。カポーティは人として共感し、取材対象者に親身になりながら関係を構築していくという側面と、物書きとしては本を出版するためにはやく死刑になって欲しいという、その二つの思いで引き裂かれていく。そんな葛藤を経て誕生した作品です。カポーティは、これ以降、一つも作品を完成することができなくなったそうです。

日本でいうと、沢木耕太郎さんの『一瞬の夏』という作品があります。表舞台を去っていたボクサーのカシアス内藤が、名トレーナーとして知られるエディ・タウンゼントとともに再び勝ち上がっていく道のりに、沢木さんが同行する。取材対象者にかかわるという意味で、ニュージャーナリズムの代表的な作品です。そういう、文学から始まったノンフィクションが、狭義のノンフィクションです。

私は出発点で、ノンフィクションということを意識せずに書き始めていましたし、『絶対音感』の後、自分はノンフィクションの人たちとは違うところにいるという意識がありました。ノンフィクションの中心にいる人たちからは、あまり評価されませんでしたし、むしろジャンルの枠を自分にはめられることに対して抵抗がありましたので、意識していなかったのです。

私の作品は、本屋に行ってもノンフィクションの棚にはないことが多いです。『青いバラ』は趣味と園芸とか造園土木とか、化学のコーナーに置かれたりしていました。だいたいノンフィクションというと、告発モノとか、「世の中に物申す」的な作品、事件モノが主流で、私の本はあまりノンフィクションの棚には置かれない傾向がありました。『セラピスト』も新刊コーナーにはありましたが、ノンフィクションのコーナーには行かずに心理の棚に行ったり、教育や人文科学に行っていたようです。

『絶対音感』が思いのほか売れてしまったので、そのことで痛感したことは、読者が増えれば増えるほど誤読が増えるといいますか、読者の数だけ読み方があるということです。しかも読者は、ノンフィクションかフィクションかは意識しないで読みますから、自分のほうからノンフィクションという枠組みで、自分の作品を捉えることは意味がないというか、あまり興味がないと感じています。

肩書きがどうしても必要な時には「ノンフィクションライター」とします。すると「ノンフィクション作家」ではないですか、と聞かれることがありますが、「作家」という言葉を使った場合、日本の場合は小説家のイメージが強いですね。つまりフィクションを書く人が作家、というイメージが強いので、「ノンフィクション作家」というと「ノンフィクション・フィクション」ということになって、これは語義矛盾ではないかということを、『救急精神病棟』を書いた野村進さんが書いておられます。それを読み、まったくその通りだと思ってからは、自分では「作家」とは名乗らずに「ノンフィクションライター」というように名乗っています。

こんなところで、ひとまず終わりにしたいと思います。

（＊1）「清陰星雨」は、二〇〇二年に、同名のタイトルでみすず書房より刊行された。神戸新聞掲載のエッセイは、その後も、『アリアドネからの糸』『「昭和」を送る』（いずれもみすず書房）など、継続して収録されている。

（＊2）「銀河鉄道の夜」初期形第三次稿に次のような記載がある。

「けれどももしおまえがほんたうに勉強して実験でちゃんとほんたうの考とうその考とを分けてしまえばその実験の方法さへきまればもう信仰も化学と同じやうになる。けれども、ね、ちょっとこの本をごらん、い、かい、これは地理と歴史の辞典だよ。この本のこの頁はね、紀元前二千二百年の地理と歴史が書いてある。（略）だからこの頁一つが一冊の地歴の本にあたるんだ」（ちくま文庫版宮沢賢治全集7、p554）

最終稿とされる作品では、この部分は削除されている。

I 『セラピスト』をセラピストたちが読む

［討議］最相葉月さんを囲んで――『セラピスト』をセラピストたちが読む

（人間と発達を考える会）

滝川一廣・佐川眞太郎・阿久津斎木・富樫健太郎・香月真理子・小川正明・清水邦光・齋藤敏郁・尾上義和・大迫久美恵・的場由木・竹島正・本田哲也・佐藤幹夫（司会）

佐藤幹夫（司会） 今日はノンフィクションライターの最相葉月さんに来ていただきました。最相さんの近作は『セラピスト』というタイトルの著書です。この会の皆さんの多くがまさにセラピストですので、どう読んだか、とても楽しみにしています。まず、香月さんと富樫さんからレポートをしていただき、それから討議に入ります。

（レポートは省略）。どうもありがとうございました。

では討議に移りたいと思います。まず先ほどの最相さんのご講演ですが、これほど率直にご自身の作品の書き方や取材の方法を語ってくださったことに、大きな感銘を受けています。私も物書きの端くれとしてお聞きしたいことはたくさんありますが、この会は、心理臨床や福祉、教育などの現場で活動する方からなる会ですので、皆さんのほうから質問なり感想なり、どんどん発言していただきたいと思います。どうぞどなたか。

箱庭療法について

香月真理子 箱庭療法をされているときの雰囲気が、わかったようでわからないところがありまして、「こういうものはこういうことを表す」と断定はできないと書かれてはいましたが、解釈の仕方がある程度わかっていると、療法を受けるときに意識的・意図的になってしまわないのか、受けているときの感じはどういうものか、もう少し教えていただけないでしょうか。

最相葉月　私が最初に箱庭療法を受けたのは、都内にある民間のカウンセリングセンターで、セラピストは臨床心理士ではなく認定カウンセラーでした。取材のつもりで、自分のペンネームは伏せていったのですが、そのときに作ったものは、おっしゃる通り非常に意識的なものでした。(『セラピスト』所収口絵を参照しながら)神戸の街をご存知の方は一瞬でおわかりかと思いますが、真ん中に立っている赤い塔はポートタワーです。神戸を作るつもりはまったくなかったのですが、箱庭の前に立ったときには、もう具体的なものが頭に浮かんで、それを作りました。後に箱庭学会に取材に行ったとき、箱庭療法を臨床でやっているどなたかが、ある箱庭をコメントするときに「これは偽りの箱庭だ」と言われたことがありました。もしかすると、私が神戸を作った箱庭も意識が先に立って具体的なものを作ってしまったので、そういうニュアンスがあったかもしれないと思いました。

自分の中から出てくるものを無心に置いていくことはなかなか難しくて、熟練したセラピストの方は、無心に出てきたものか意識したものかは、すぐに見分けることができるんだろうなということはわかりました。意識的に作られたものは、おそらく自分の内面というものを表に表現することができない、あるいはしたくないという防衛と解釈されるのか、そこはわかりませんが、簡単にできるからと言ってクライエントのためになる療法であるかどうかとは、全然違うことだと思いました。

佐藤　体験する前と体験された後では、やはり違うものでしたか。

最相　臨床心理士の方に二回連続して受けたものがあるのですが、非常にリラックスでき、自分が素直になったということを感じました。箱庭療法も一度でどうにかなるものではなく、色々なセラピストと経験をして変化していくものだということは感じました。まったく変化しない人もいらっしゃるとは思いますが。

滝川一廣　セラピストの側から言えば、箱庭に表現されたものは、すべてクライエントからのメッセージとしてとらえるのですね。それが意識して作られたものであろうと、計算して作られたものであろうと、いい加減にてきとうに置かれたものであろうと、無心に無意識から出たものであろうと、価値に上下はないのです。いずれであれ、その時その場でのクライエントさんからもたらされたメッセージとして受け取るのです。

クライエントさんが語る言葉もそうですね。それは嘘だろうか、本心を喋っているんだろうか、ということが先に立つのではなくて、いまここでこのとき、クライエントさんはぼくらにこういうことを伝えている、ということは掛け値のない事実なのです。掛け値のない表現、掛け値のない言葉であるというふうに受け取っていくことが、セラピーの始まりですね。

精神分析の自由連想法では、頭に浮かんだことをそのまま自由に話していくわけですね。こんなことを言ったらまずいのではないか、恥ずかしいのではないか、ということは考えずに自由に話して下さい、と言いますね。とはいえ、普通、そんなふうに話せるものではないですね。いくら自由に連想したままといっても、ためらったり、少し変えたりして話すわけです。それでいいわけです。箱庭療法もそれと同じことですね。

大迫久美恵　大学院時代に箱庭の体験学習をしたことがあります。そのときには一対一ではなく、四人くらいのグループでやったのですが、沈黙したまま順番に箱庭の前に行き、置いてはまたもどり、三回四回くらい回ってくる。箱庭の前に行ってみなければどうなっているかわからないわけです。行って、「えっ？」と思いながら置いて、ということをくり返し、最後にみんなで味わいました。自分の番が回ってきたときには、前回見た箱庭の世界と違っていることに驚いたり戸惑ったり、わくわくしたりと感情も動くのですが、その世界をゆっくりと味わい、それと自分の感じとをつき合わせて何かを新たに加えてもいいし、変えてもいい。もちろん、学友同士の信頼関係が底を支えているし、講師の先生が場全体を見守ってくださっている。最後にようやく言葉でシェアするのですが、一人一人の作成のプロセスが交差しあいながら一つの箱庭の世界ができ上がったことに感嘆しましたし、不思議とあるテーマが浮かび上がったりもしました。当時スマトラの津波被害が連日報道されていたのですが、そのインパクトに対する反応も表現されていたようでした。

一対一の製作であっても、集団であっても、歴史やできごと、その場の雰囲気やそこにいる人同士の様々な相互作用が行き交って、一つの表現がなされていくように思います。

科学の視点と心理療法

佐川眞太郎　先ほども科学的視点で、というお話がありました。『絶対音感』のあとがきのところに「音響という物理現象が情動という心理現象に移る」という一節があり、その後に、おそらくこれが最相さんの言葉で、「素晴らしい音楽がなぜ人を感動させるのか」という問いを、「科学的な側面から求めた」、というような箇所がありました。このテーマは、今回の本でも共通しているのではないかと感じたのですがいかがでしょうか。

最相　私は文系出身ですが、元々、文系・理系と枠組みを決めてしまうのが好きではないということもあります。サイエンスの知恵を借りたいと思うようになったのは、科学的な視点を加えることで物事がよく見えるようになるということを、『季刊子ども学』（ベネッセ教育研究所）という雑誌の編集者をやっていたときに学んでからです。この雑誌は、今でいう学際的ということになりますが、サイエンスに限らず、色々な視点から子どもを考える、そういうコンセプトの雑誌です。

子育てについても教育だけではなく、発達神経学から見るとどうか、心理学から見るとどうか。デジタル時代について考えるときにも、ITだけではなく、社会的な問題はアメリカが先行していましたので、アメリカではどうなっているのか、ITによって人間の言語はどう変わるかとか、いろいろな視点を持ち込むことでテーマがより深く見えるようになるということですね。この雑誌の編集を通じて色々なジャンルの方とお話をすることで、テーマが自分の中で醸成され、とても有意義だということを学びました。

最初の単行本は競輪選手のルポというストレートな作品だったのですが、『絶対音感』を書いたときには、最初、絶対音感は幻想（イリュージョン）ではないかという不信感や違和感があったものですから、聴覚や音楽の話だけではなく、もっと歴史的なテーマ、日本でどうして絶対音感という名前が付いたのか、日本人の誰が最初にこれをもちこんで、誰に教育したのか、聴覚心理学であるとか脳神経科学であるとか色々な側面から、知恵を総動員して少しでも絶対音感の正体を突き詰めようと考えたのです。その一つとして、科学的アプローチが有効だと感じたのです。他の本もそうです。『青いバラ』も、『星新一』という評伝もそうなのです。

佐川　箱庭療法など、いわゆる心理学のなかでもユング派といわれるような登場人物が多いかと思います。どちらかというと科学的ではないという言われ方をすることも多々あるかと思いますが、最相さんが採られたアプローチと乖離するというか反発するというか、そういうことはなかったでしょうか。

最相　心理学は科学であるかということを、河合さんも書いておられますね。この本について、科学的にということは、実験をして検証をするということではなく、事実を積み重ねて疑わしいものを排除していく、という「ものの考え方」を意味しています。絵画療法や箱庭の世界が科学的かどうかという検証ではないのですね。そこで行なわれていることが人にどういう影響を与えているのか。どこを目指しているか。それを考えるために仮説を立て、取材をして、おかしなものを排除しながらもう一つ前に進んでいく。そういった考え方の道筋を「科学的」と私は捉えているのです。だから、そこで乖離したり反発したりということは、ありませんでした。

なぜ認知行動療法ではなかったか

清水邦光　セラピーにはいろいろな流派があって、なかでもとくに認知行動療法など、いまとても大きな影響力を持っていますね。そうした主流となっているセラピーではなく、どうしてここで採り上げられる取材対象になったのでしょうか。

最相　それがまさに、心理の世界からの見え方だと思うのです。色々な流派や療法が四百くらいありますね。では何療法を書けばいいのかということになってしまいます。すべて網羅することは不可能です。これまでの歴史のなかで、日本人の内面に寄り添うものであった心理療法が、どこでがらりと変わったのか。そう考えたとき、やはりロジャーズの導入と、それ以降の中井久夫と河合隼雄の出会いというものは大きな転換点であったと思います。

六〇年代後半から七〇年代は、精神医療の世界にとって大変な紛争期であり、そのようなとき水面下で自分たちの知恵を持ち寄り、新しい精神医学や心理学の在り方をディスカッションしていた人たちが存在した。このことは、作品を書くにあたってとても躍動感があって、魅力的に思えました。だから取材対象としたのですね。心理学の教科書として書くのなら、そのことだけを取り上げるのは偏っていると思いますし、それ以外のことにも触れないといけないのですが、ノンフィクションというのはあくまでも一般読者に向けた読み物です。この二人の人生が交錯し、二人が精神医学と心理学の世界をそれぞれ発展させたというストーリーに惹かれた、これはノンフィクションになると感じたことが大きな執筆理由でした。

認知行動療法というのは、誤解を恐れずに言えば、原因は問わず、物事の考え方の歪みを修正していくという考え方が基本にありますね。エビデンスはたくさん出ていますし、それを回復というのだとは思いますが、もっと深いところでその人の苦痛の本源に触ることが必要なのではないか。三分診療という言葉もあるようにセラピストとクライエントが十分な時間をとって向き合うことは難しい時代ではありますが、六〇年代後半から七〇年代にかけて精神医学や心理学を変えた人たちの残したものが、現代にとっても重要なメッセージをもって訴えかけてくるものではないか。DSM全盛の時代だからこそ、もう一度この時代のことを見直していただきたい。そう考えたということですね。

佐藤　セラピーでも、福祉でも教育でもいいのですが、人を支援する、ケアするという行為の中で、支援者とクライエントや子どもや利用者の人たちとのあいだで、時々、ある変容が起こることがありますね。これは多かれ少なかれ、ここにいる皆さんが、それぞれに体験していることだと思うのです。ある実感を持っていると思うのですね。何が変わったのか。何が起きたのか。これはもともと言葉にはしにくいことなのですが、とくにここ一〇年ほどの傾向として、何が起きたのかなどということは、わからないのだから言葉にする必要はない。何をすればいいかという方法（ノウハウ）だけを洗練させればいい。どんどん、そういうことになってきていると思うのです。

それで、最相さんの著書のなかで、逐語録として中井先生とのダイレクトなやり取りを挟んでいますが、最相さんご自身のなかで生じている出来事（内的な変化）をリアルタイムで捕まえようとする試みのように読めたのです。中井先生とのやりとりの中でご自身が変わっていく。現代のセラピーの主流では、触れなくていい、考えなくてもいい、とされているところを正面から記述しようとした。そう感じたのです。それが記述されることによって、他の章の他の先生方の見解もさらに立体感が出るといいますか、リアリティを増してくるといいますか、そういう効果がとてもよく出ている。

私も、言葉にし難い変化をどう言葉にするか、といったことにすごく関心があるので、いまの、お二人の認知行動療法についてのやり取りをつなげたいと思い、こんなことを考えました。

清水 一般的にセラピストと言われる人たちの多くは、いま、認知行動療法がメインだと捉えているように感じます。その中で、三〇年くらい前の療法家の人たちを登場させたというのは、ぼく個人としては嬉しかったのですが、一般的にはどう受け取られているのかと思います。

最相 専門家の方々もたくさん書評を書いてくださり、ネット上にも多くの感想がありますが、専門家ではない読者の方々は、こんなふうに自分の話を聞いてほしかったというのです。私も中井先生のセラピーを受けたい、とおっしゃったりするのです。私自身は認知行動療法を受けていないのでわからないのですが、紙に自分の思ったことを書き、そこから治療していくというやり方は心の奥底には響かないという、そんな感覚があるのではないでしょうか。認知行動療法で回復する方もいらっしゃいますし、短期的なデータを取れば良くなっているのかもしれないですが、経年単位で見たときはどうなのか。そういう疑問があるのです。

地域との調整と連携

竹島正 私はもう少し、全体のバックグラウンドを含めて考えてみたいと思うのですね。今、WHO（世界保健機関）の出版物の翻訳と点検のようなことをやっていて、我々が乗り越えないといけない課題は「利害関係者の調整」だと思っています。流派が四百くらいあるとおっしゃったのですが、例えば、何か一つ新しい流派が入ってくるとそれが流行り、それに関心をもつ人が増え、出版物も増える。それのパワーが落ちてくると別のものに関心が移っていく。そのあいだ、自分たちとつながりのあるグループ内での交流はするけれども、外に出て行っての交流はしない傾向がある。しかし社会が求めているのはそんなことではなく、社会に役立つよう利害関係者と調整をしていくことだと思うのです。当然簡単にはいかないけれど、そういう粘り強いものがないと、一つのセラピーを安定的に持続・発展させていくことはできないのではないか。

ひょっとすると葬式仏教と言われる宗教者の人たちも、

心理的援助者のなかに入ってくるかもしれない。そういう連携もありうる。それをするためにはさまざまな調整をしなければならないけれど、そういう調整と連携のできる基礎体力があるかどうか、とても気になるのです。自分はこうしてほしいというように自分のほうには関心が向くんだけれど、もっと社会全体に向けていく目が必要なはずで、そのときにセラピストと呼ばれている人たちが何を考えているか。利害関係者の調整のための行動、社会的な働きかけもしないといけない。そこが必要ではないかと、ふだん思っているのです。

最相　臨床心理士のいくつかの代表的な仕事の中の一つに、地域援助というものがありまして、あれは一対一対応ではなく、全体の場の調整、それこそ利害関係者との調整というものがメインになっている仕事だと思いますが、スクールカウンセラーのご経験のある大迫さん、いかがですか。

大迫　私はかつて教育センターにも勤めたことがありますが、現在スクールカウンセラーと精神科の外来のクリニックで仕事をしていて、そこでも調整にかかわるような仕事をしています。それで、その方だけと関わっているときはよいのですが、その方が生活圏に戻られたとき、本質的なところを変えられないとなかなか難しいところがあるので、全体的な変容を促していくようにしています。色々な方が関わっていることが多いですから、私は学校にいる者として、あるいは教育センターの者として、臨床心理士として、お子さんたちとかかわる。場合によっては福祉、医療とのかかわり、保健師さん、民生委員の人とかかわる場合もあります。機を見てケースカンファレンスをし、みなさんで意見交換する。クリニックの中で一対一の面接をしている場合でも、たとえばこれから復職されるとか、就労するときには、ドクターの診断書と合わせて心理検査所見を含む情報提供書を書くことと、「職場のほうでこういうところにご配慮いただけたらありがたい」ということも含め、お伝えすることはあると思います。お子さんの発達のご相談の場合には、こちらから学校に実際に出向くことも、場合によってはあります。

尾上義和　私は地域で「相談」という仕事をしていますが、最相さんが書かれている一般化というものが、我々はできていないということを、読ませていただいて痛感しました。相談がやっている支援が、地域に根付いていないということが課題です。だが、個別支援が難しいのは、相談などにつながればいいのですが、つながらない。つながる前の支援というか、それが相談支援のポイントだと思うのですが、それが難しいのです。

この前の相談ケースは四〇年間ずっと引きこもっていた方で、ご家族もご本人も、どう接していいのかがわからない、部屋の中では結構暴れる、ゴミがすごい……。

こういった方々が、地域で問題となっていて、何とかしなければいけないという状況があります。

さあどうしようということで地域関係者、大家さんが、こうしたことをきっかけに集まり、「何でこんな状況になっているのか」を一緒に考え、そこでわかってもらう。でもわかってもらえれば良いのですが、逆に知ってしまったことで、わかってもらえないこともあります。われわれの知識や関係性を、一般化していくことが大事だなと思いますが、そこは悩みどころです。

最近、ネットワークづくりの大事さや地域づくりということが強調されますが、そこは考えさせられるところです。

取材をめぐるいくつかのこと

佐藤　はい。ではまた少し、本の感想のほうに戻りましょうか。どなたかいかがですか。

佐川　物事を本として書きあげる部分と、取材する中でクライエントの立場にもなったりしていますが、そうした立ち位置といいますか、ぼくには想像できないところですが、どうやって入れ換えているのか、保っているのかというところをお聞きしたいと思いました。

最相　おっしゃる通り、私は学校にも通いましたし、途中で臨床心理士の資格を取ろうかなと思ったこともありました。でも私は物を書く人間であり、臨床心理士の仕事はそんなに片手間にできるものではないということが勉強をしてみてわかりました。あくまでも物を書く人間としての視点は保ちつつ、クライエントの側に立ったりカウンセリングをする側に立ったりしていたわけですが、私のなかでは、これはあくまでも取材であるという意識はつねにあったのです。どう書くかということも意識していますし、そこは、どちらがどうかわからなくなる、ということはありませんでした。気持のどこかで距離を取りたい、物理的にも距離を置きたいという意識が常に働いていたと思います。

佐川　中井先生とのセッションでは、ついつい距離を取りたいという意識を忘れてしまうことはありませんでしたか。居心地の良さがあったり自分が緩む感じとかいうのがあったりして。

最相　そうですね。それはおっしゃる通りなのですが、これを本に収録するかどうかは後で考えたことなのです。やっている最中は、風景構成法を体験させていただく、絵画療法というものを実感としてわかりたいということだったので、その時間と空間に身を委ねる感じではありましたね。

佐藤　中井先生の話題になったことでもあり、滝川さん、少し感想など、お話しいただけませんか。

滝川　わたしはここで取材された世界の片隅にいますし、この本に登場する方々は身近に存じ上げている方々も多くて、あらたまって批評とか感想とかは、うーん、なんだか語りにくいところがあります。距離の問題でしょうね。読んでいてもお顔が浮かんできてしまいますので。もちろん、たいへん優れたお仕事で、いったい、カウンセリングとはなにか、治療とはなにか、それも箱庭とか描画とか、そんなもので「治す」とはどういうことか、それで「治る」のだろうか、さらにいえば「こころ」ってなんだろうか……そういう問いに対して、ノンフィクションライターという立ち位置から深く追究されたものだと思います。こういう問いに対して、それこそセラピスト自身が一般向けに書いた本はたくさんあるんですが、自画自賛、我田引水とまでいかなくても、そこまでは思いませんけど、どこかねって……。人間の「こころ」の世界ってすごいでしょう、奥知れないのが人間の「こころ」で、まさにそこに関わるのがセラピストなのだという自負の匂いと申しましょうか。その裏返しで、その匂いにいかがわしさを嗅ぎつけてあんなうさん臭いものはないという臨床心理否定論も、いろいろ出ていて、対になっています。最相さんの立ち位置は、さっきの問いについて、外からの取材者としての客観性をしっかりキープしながら対象に深く踏み込んで聴きとってゆくというノンフィクションライターというものですね。しかし、中井先生の取材では、絵画療法を受け、受けただけでなく逆にやってみて、ということをなさっていますね。ご自身のことも開示されています。その立ち位置を、ここで一歩ふみこえたようにみえますが、カウンセリング、心理治療とは相互作用ですから、それが何かを手触りをもってとらえるためにとても重要なことをなされたと思います。だれでも感じるとおもいますが、この御本の急所ですね。

その中井先生との逐語録のところは、私は診察を何べんも陪席させていただいているので、この雰囲気そのものなのですね。書かれている通りです。安心しますでしょう。

最相　安心すると同時に不意打ちもある、という感じで。

滝川　そうですね。驚きもあるでしょう。生きたカウンセリングには、どこかに軽い驚きが必要なのですね。

最相　はい。ただ単にゆったりした時間を過ごしているのではなく、「あなたの本を全部読んだわけではないけれども、一番可愛い本はどれ」、と訊かれたときに私はびっくりするのですが、そういうところには中井先生の戦略を感じましたね。

滝川　やりとりの中で、中井先生に、ふっと浮かんだ表現なのでしょうね。あらかじめこういう聞き方をしてやろうとか、こういう聞き方をすべきものだ、というものが何かあったわけではなく、雰囲気というか、ある流れの中で「可愛い」という言葉が出てきたんでしょうね。

最相　滝川先生は陪席された経験をお持ちだということですが、最初に陪席されたときに、どんな感想をもたれましたか。

滝川　ものすごく安心しましたね。こういう世界なら自分もなんとか生きていかれるかなと思いました。こんな自分に生きていけるところがあるだろうか、とものすごく不安でしたので、こういう立派なことが自分にもできるぞという意味ではなく、こういう世界なら自分にも居場所があるかもしれない。安心したばかりに、うかうかと、研鑽を怠ってしまったところはあるかもしれませんが（笑）。

徹底する取材

本田哲也　私はクラシックやジャズが好きで、『絶対音感』を拝読し、『セラピスト』を拝読しました。『絶対音感』では五嶋みどりさんのお宅に行ってしまう、『セラピスト』では中井先生のお宅に行ってしまう。こういう勇気に驚きました。どうすればこういう行動ができるのか教えてください。ミーハーな質問ですが。

最相　いつもできるわけではないのです。緊張しますし、断られたらどうしようかとか、怒られたらどうしようということは、常に感じることです。作品としてどうすればより良くなるか、ということを考えたときに、この人の直接の声が必要になる局面は必ずあるのですね。『絶対音感』のときには、五嶋みどりと母親の関係というものは早期教育の問題、母と娘の関係、あの本に必要な色々な要素が凝縮しているのです。最後にどうしても直接会って話を聞きたい人たちであったということで、プロダクションの社長さんに間に入っていただいて取材が可能になったのです。『セラピスト』に関しては中井先生はもちろんですし、河合先生はお亡くなりになっていますから、息子さんで心理療法家である河合俊雄先生は必ず取材をしなければいけない。それは最初に決めました。いつお会いするか、どういうふうにしてアプローチするかというのも、ケースバイケースですが基本的には手紙です。こういうことで取材をお願いできないかということをお伝えし、だめなら断られるわけですが、とりあえずやってみる。

本田　五嶋みどりさんのところに取材に行くことは、最初から決めておられたのですか。

最相　音楽家の方は、何人かリストアップをしておりまして、アンケートに答えて下さった方と、直接お目にかかった方と両方いるのですが、直接お目にかかりたいと思った方々は、たとえば「あの人は絶対音感があるからすごいんだ」と言われている人たちであったり、逆に、民族音楽や邦楽は西洋の音階とは違いますから、そういう方から見た絶対音感はどうなのかという音楽家の方々がいました。五嶋みどりさんは最初のリストアップに入っていた、どうしてもこの人には会いたいと思う方の一人でした。取材できるかどうかはまた別問題なのですが。

セラピーは技術か人か

阿久津斎木　今日お話をうかがって、最相さんがこの本のようなアプローチをされたのは、中井先生、河合先生のようなセラピストにひかれたからなのだなと感じました。私がセラピストからうけるイメージは、人間関係を調節して患者さんによい影響を与えようとしたり、考え方の癖を直したり、ということだったので、この本のように心の深いところを変容させて治療するということには、意外性がありました。このような治療は、今は精神科医や心理職の人の仕事になっているけれど、少し前は宗教が担っていたことかもしれません。

それで、他人の心を治療するというときには、そのセラピストがどのような「人物」なのか、という人間性が大きな影響を与えるものなのか、それよりも心理学の技術・テクニックで治療できるものなのか、どちらなのだろうと考えさせられました。心理学などの知識よりも、そのセラピストの人間性のほうが重要で、患者さんはセラピストと時間を過ごしその関係のなかで回復するのではないでしょうか。最相さんはこの本を書かれて、その点をどう考えたかをお聞かせください。

最相　それは両方だと思います。中井先生は薬物療法も積極的にやられておりますので、必ずしもカウンセリングという、人の話を聞くのが素晴らしいとか、そういうことだけではなく、バランスをとってらっしゃると思うのです。ただ、不登校とか、思春期の子どもたちの場合は、どんな大人と向き合って治療されるかということが大人のクライエントより大きいように思います。

それは、私のような仕事でも同じなのですね。どなたでも取材できる、誰でも取材できる場合と、その人だから取材できることや人ということはあるわけです。新聞記者やテレビの記者さんは大きな組織に所属し、名刺を出せば自分について説明をしなくても、取材に来ているということがわかってもらえるし、話を聞かせてもらえる。だけど私のようなフリーの人間は、特に最初の競輪の話や『絶対音感』を書いたときは、まったく名前も知られていなかったので、名刺を出しても、何を言っているの？　という感じなわけです。ですから、丁寧な依頼状を書くとか、最初に会ったときにこの人に喋っていいかどうかという直感的なことは、取材現場も、セラピーも同じだと思うのです。中井先生は、受付から治療が始まる、とおっしゃっているのですが、どんな場合でも人と人との関係はそうだと思います。

そのことをセラピーという枠組みで考えたときには、もっと人物というのが問われるのではないか。現状では、大学に心理学科がたくさんでき、現場に出て行ったときに、実力が十分ではないセラピストたちが出てきてしまっている。でも、人と向き合うことは難しいことですし、先ほど一般化という言葉が出ましたけれども、どれほど一般化しても、最終的にはやはり人物が問われるのだと思います。その上でテクニックとか場の雰囲気とか、そういう色々な要素が加わってくるのでしょう。いま、あまりにも安易にセラピストになりたい、臨床心理士になりたいという人が多いので、あえて、そんなに簡単な仕事ではないということをこの本で示したのです。

阿久津　どうすれば中井久夫先生のようになれるかということは、わかりませんでしたか。

最相　方法はわかりませんが、たくさんそういう場所を知るということではないでしょうか。私の職業でいうと、たくさん人に会うこと。『青いバラ』を取材したときに、鈴木省三さんという方を取材したことがあります。もうお亡くなりになりましたが、日本で、戦後のバラの文化を発展させ、京成バラ園を作った人です。何回目かに鈴木さんに取材に伺ったとき、「あなたのような仕事を積み重ねていると、色々なことがわかるようになりますよ」とおっしゃったのです。それは、これまでの取材の会話とはまったく異なるレベルの言葉でした。その日までの私の取材や立ち居振る舞いを冷静に観察されていたのだと思いますが、自分がやっていることがすごく大切な仕事だということに気づかされた言葉でした。取材は、取材者がいて被取材者がいる、という一方的なイメージがありますが、全然そうではなく、お互いに、私自身も相手の方から学びますし、相手の方も私に質問されて初めて気がつくこと、初めて考えることなどがあったりして、その相互作用によって何か新しい事実が出てきたり、感情が生まれたりするわけです。

どういうふうにすれば中井先生になれるかはわかりませんが、少なくとも中井先生は、たくさん本を読まれ、ご自身でも文章を書かれていますし、たくさんの人を育てられました。そういった時間とご経験の中で、中井久夫という人物ができあがったんだと思うのです。それがすべての人に言えるかというと、また違いますけれど。

支援が地域に根付くために必要なこと

小川正明　本の感想が、自分の仕事に結び付けたときの無力さと、つながっているところがあります。そのことについて話します。私は心理職ではないのですが、かつて通所の施設に勤めていたとき、心理の方が周りにいたことがありました。箱庭療法をやっている人もいましたが、私がよく付き合っていたセラピストは音楽療法をやっていた人でした。利用者さんたちは重度の知的障害の人で、言葉でのコミュニケーションが採れない方たちでした。音楽療法を通じてとても有効なものを受け取ることができ、そのセラピストの方から色々なアドバイスを受けたのです。支援員として働いていた私はそこでヒントをもらい、普段の生活でもアイデアをもらいながら、工夫して仕事をしていったことを思い起こしながら伺っていました。

本の感想としては、ゆったりというか、じっくりと向き合うことの重要性を改めて痛感したところがあります。私の職場は福祉事務所で、あまりにも色々なケースが多すぎて、一人一人の方になかなかじっくり取り組めていないところがあります。もしケースの人にじっくりと取り組めていれば、こんなことにはならなかったということがたくさんあり、その重要さを改めて感じるんだけれども、明日どうするかというところで、それがうまくできないジレンマをいつも感じます。先ほど話題に出たネットワークについてもそうで、私のところも相談機関の一つであり、しかも行政ですから本来はうまくつないで行かないといけないんだけれど、現状は押し付け合いというか、ここはうちの仕事ではない、ここまでしかできません、という「ここまで」をみんなで言い合って、本人にはなかなか近寄らない。こうした諸々をどうするか。大変だけど、がんばろうと感じながら本を読み終えました。

最相　この本の取材を受けると「いま、三分診療の時代ですね、いいセラピストにどうすれば会えるのですか。三分で、どうすればいいですか」ということは、必ず聞かれました。三分診療は現実としてどうしようもないことで、その中で最大限何ができるか、ということを考えないといけないと思うのです。たとえば、診察室に入ったときに自分のほうを見てくれるかどうか、パソコンばかり見ていないか、うなずいてくれるか、そういうこと一つで、場の雰囲気や関係性は変わると思うのですね。三分しか診てもらえなかったけれども、もう一度この先生に会いたいと思えるか、今日限りで止めるかということは、そこで決まりますね。

それからネットワークについては、私も最後のところで「ACT」(包括型地域支援プログラム)に触れています。患者さんのためと言いますが、結局患者さんの家族に負担を押しつけることになるのではないか、という危惧はもっています。「ACT」と言えば格好いいネーミングですが、専門職同士の押し付け合いにならないかという不安もあって、ネットワークが必要なところと、そうではないところのバランスが非常に難しいのだろうなと思います。

竹島　ちょっとここでまた感想を言わせてもらうと、先ほど利害関係の調整と言ったのは、ソーシャルワークのことではありません。言いたかったことは、利害関係者の調整というところから逃げるわけにはいかない、ということなのですね。ネットワークというのはきれいごとではなく利害関係なんだ、ということを覚悟し切る。それが必要なのではないか。そうすると認知行動療法がどうであるか、という業界内部での話だけではない、もっと社会への視点が取れていくのではないか。そこがとても大事なことだと思う、ということなのです。

最相　その利害関係者の調整というものは、誰が行なうのがベストなのですか。

竹島　行政も行なう側の一つでしょうが、それは自分の役割だと覚悟をして動く人がどこかに必要で、それを腹に入れないと、例えばネットワーク会議をいくら作っても、受け身的に集められているという会議ばかりが増えていく。私自身が何かを主催する側になったときにも、会議の呼びかけがあったときも、その心配を感じます。

佐藤　的場さん、いまの話の流れでいかがですか。専門職同士の押し付け合いというか譲り合いというか。専門家とのその辺の線引きの問題。調整やネットワークについて。生活支援の現場として、かなり頑張ってやっておられると思いますが。

的場由木　「ふるさとの会」は、生活に困っている人の生活支援をしています。利用者さんは一人暮らしだったり、グループホームのような共同の住居で暮らしている場合などがありますが、生活支援ですから、毎日そこで寝起きしている布団があり、ごはんを食べる食卓があり、また、ときどき体調が悪くなったりといろいろなことが起こる生活が目の前にあります。生活支援は、利用者さんと一緒に過ごす時間が長い仕事ですが、セラピストではないので、その人の心の傷に介入して治療し、直接的に病気をよくするということではないのです。ただ、その人の置かれている環境や生活が、少しでも安定したものになるようにという関わりを心がけています。生活支援は例えばその人の部屋にゴミがたまっていたら、それを出すのを手伝ったりしながら、安心した生活になるようにサポートしている仕事だと思います。安定した生活の環境をつくり、地域のいろいろな先生にかかわってもらうことで、心の病を抱えた人たちも安心して生活できるのではないかと思います。

現場でやっていてすごく助かるなと思うのは、在宅の先生が生活の場所まで来て診て下さることです。診察時間は一時間も二時間も取れないですが、生活支援にとって、地域の先生が生活状況を理解して診てくださるということが心強いです。

箱庭療法とは違いますが、それぞれの方の部屋に入ると、それぞれの方の宇宙があるというか、物の並べ方から服のかけ方まで、同じ間取りの部屋なのに、全然違うのです。これはおもしろいというか、その人が暮らしてきた生活世界がそこにはあります。その生活の世界にセラピストである精神科の先生などが来てくださって「大丈夫そうだね」とか、「少し辛そうだから、何か手立てを考えようか」などと診療してくれると、利用者さん自身も安心できるのかなと思います。このように、生活の場でいろいろな専門職の方が関わって支えて下さるということが心強いですし、重要なことだと思っています。

最相　いま、すごく大事なことをおっしゃったと思うのですね。お部屋のゴミを拾うという話ですが、東日本大震災の後、全国から支援グループが入り、兵庫県も「心のケア」のチームがあり、そこがどういう活動をするかを取材したのです。兵庫県は宮崎県とペアになって、仙台や気仙沼、南三陸町に行ったのです。その中に仙台市宮城野区という被害の大きかった地域があり、行ったときにはすでに地域の町内会の人たちが、「心のケア」とは言いませんが、傾聴のような活動をしていたのです。そのとき、被災者から反発を招いて、心のケアなんかより生活支援のほうが大事だと不満が出て苦労しているところに、兵庫県チームが入ったのです。そこで兵庫県チームがやったことは、自分たちからは入って行かない、SOSの発信が来たらいつでも行ける体制を作っておく、ということでした。バックアップ態勢を作っているだけで地域が安心するということを、ボランティア活動をやっていた町内会の人たちも学んだのです。

そのときに、汚れたテーブルをそっと拭くような気遣いがあればそれでいい、ということを阪神・淡路大震災のときに活動された先生が言われた。何かしようというよりも、ちょっとした気遣いがあれば、気持が安らぐことがあるということですね。的場さんがおっしゃった、それぞれの部屋という宇宙の中で、できるだけ何もせず、ごみがあったら片付ける程度のことをする。専門家の支援ももちろん必要ですが、これは想像以上の下支えになっていることを感じました。専門家の人たちのネットワークだけではなく、生活支援の人やボランティアの人も入り乱れ、網の目のように張り巡らせる。こちらも大事なことだということを感じました。

佐藤　本日は、最相さん、本当にありがとうございました。

（二〇一四年七月二一日
第三九回人間と発達を考える会より）

『セラピスト』のリポーターを終えて

言葉と言葉にならないものと

香月真理子

ものを書くことを生業にしていると、「言葉」の無力さに虚しくなることもある。「言葉」はなんて人を疲れさせる、使い勝手の悪い道具なのかと辟易することもある。それでもやはり「言葉」で相手を説得しようとするし、「言葉」でわかろうとするし、わかったときはスッともする。

そんな私と同じように、日々言葉と格闘しておられるはずのノンフィクションライター・最相葉月氏が、セラピストとクライエントの間に通い合う「言葉にはよらない交流」を書籍という「言葉」の世界で表現していることに度肝を抜かれ、『セラピスト』のリポーターを買って出た。

最相氏は「心を扱うからには自分のことを知らなければならない」というカウンセラーのひと言で、臨床心理士を目指す人たちと同等の学びを始め、五年の歳月をかけて本書を完成させた。その根底には、己を知りたいという強い欲求がきっとあったのだと思う。

この本は最相氏が、言葉という武器を捨て、自分という得体の知れないものと果敢に向き合い、やがて一つの病名にたどり着く旅の行程として読むこともできる。

私自身は九〇年代半ばから五年ほど、うつ病で神経科のクリニックに通ったことがある。今ほど混雑していない時代で、一時間近く泣きながら医師に話を聞いてもらったこともある。なぜか、うつ病の間だけ、すらすら小説が書けるようになり、製本されたものを持っていっては医師に感想を求めたりもした。

あの空間と時間こそが私にとっての〝療法〟だったのかもしれないし、今にして思えば、ぜいたくな患者だったと思う。

本書に書かれていた「回復のかなしみ」も味わった。うつ病からの回復は私の場合、小説との別れを意味したが、医師は「また、ほかにやりたいことが見つかるかもしれないよ」と言い、私は今、ライターをしている。

近頃の若者の傾向として、「箱庭や絵画のようなイメージの世界に遊ぶ能力が低下している」「内面を表現する力が確実に落ちている」というのも深刻な問題だ。内面を言葉にする力が十分育っていないために、いきなり自傷、過食嘔吐、つきまといなどの行動化・身体化に至ってしまうとの見方もあるというのだ。

インターネットの世界を見渡しても、ストレートで額面通りの言葉ばかりがあふれている気がしてならない。ストレスを感じるほどの情報にはさらされても、揺れ動き、迷い、矛盾している自分の複雑な心情をぴたっと言い表してくれている言葉は見つからない。そんな今だからこそ、あえて、言葉の因果から私たちを解き放ってくれる箱庭療法・絵画療法なのかもしれない。

本書には「言葉だけでは表現できないものがあった場合、言葉にしてしまうことで削ぎ落とされてしまう」「(言葉は) それ以前のものが満たされたら自然にほとばしり出てきます」等々、言葉にまつわる名言が数多く出てくる。

人の話を聞き、書き留める者として、沈黙の中にこそ立ち現れるはずの無念や、あえて押し殺した言葉も決して見落としてはならないと心に誓った。

『リポートを終えて』

富樫健太郎

『セラピスト』は最相さんの鋭い問いによって、クライエントとセラピストの関係への深みへと降りていく著作である。さらに最相さんの自らへの問いや逐語録の掲載によって、クライエントとセラピストの関係が生き生きと描かれると同時に、心がもつ他者性や共同性につながる洞察があり、さらに深みを増している。

セラピストがリポーターをやらなくてどうすると私は意気込んでいた。レジュメをつくるために、著作を何度も読み込んだが、これまでで最も作りにくいレジュメの一つであった。その理由は、最相さんの入念な準備、取材量、論理に圧倒されたり、知らなかった歴史に驚いて論理が見えなくなったりするからである。また読んでいるうちに最相さんをますます知りたくなり、『仕事の手帳』『なんといふ空』『絶対音感』『星新一　1001話をつくった人』を読み、なかなか『セラピスト』を読み進められなかったのも理由である。結局レジュメを作り終えたのは、発表当日の朝である。

当日も落ち着かなかった。最相さんと名刺交換し肩書が記載されていないことを確かめ、『仕事の手帳』に書いてある通りだと思いニヤニヤしていた。しかし喜んでいるのもつかの間であった。最相さんの話を聴いていると、ノンフィクションが心理アセスメントに通じているように思えた。一つは、入念な準備である。当日、最相さんはノンフィクションを書く上での姿勢として、大学で学ぶこと、歴史を知ること、原典にあたること、批判的なことも把握しておくことを挙げている。二つめは、事前準備によって湧いてきた疑問を持ちながら、相手の話を聴くことである。三つめは、事前準備やインタビューから把握したことを、あくまでも仮説とし、疑わしいものを排除していきながら真実をめざすことである。四つめは、あらゆる出会いや可能性を楽しむ姿勢である。五つめは、自分自身の心を問うことである。そしてこれらに通底しているのは、本当のことを知りたいという気持ちである。こんなことを考えていると、これまでの自分の仕事でどこの部分が不十分か何となく分かる。

自分の仕事を省みないではいられなかった。何度も読んでいたはずの文章に新鮮さを感じる自分に、戸惑った。「セラピストがクライエントにかける言葉は、セラピスト自身に跳ね返る。クライエントが必要なとき有用な診療が行なわれているかどうか。セラピストが力を尽くしているかどうか。答えはクライエントの顔に書かれている。それはまぎれもない真実だ」。私が出会ってきたクライエントの顔には何て書かれているのだろうか。これまでの面接がすべてうまくいったわけではない。クライエントが合わせてくれたと思う場面もたくさんある。しばらくこの言葉が頭の中をぐるぐるしていた。折角の機会であったが、発表するだけで終わってしまった。

著作にもあるように、確かに一人前の心理士になるのは二五年はかかるだろう。道はとにかく長い。まずはあのとき私の中で起こっていたことはきちんと書いておこうと思った。原稿の締め切りは過ぎているけれど。

感想　大迫久美恵

中井久夫先生と河合隼雄先生を主軸として、お二人の先生の臨床の営みや精神医学と臨床心理学の接点、そこで起きたインパクトに大いに触発されましたし、今後「Psychotherapist」というものがどういう方向へ向かうのか、自分自身のことも含めて考えるきっかけをいただいたように思います。ページを読み進めるごとに、そこに展開される様々なトーンの息遣いが感じられ、副題にある「Silence」のもつ深みと意味を常に頭の片隅に置きながら拝読させていただきました。psych- が心や魂という意味のみならず、そこに息や呼吸という身体のはたらきを含んでいることを思えば、それら全体を包みつつ、良質な沈黙をそこに生み出していけたらと思います。今の子どもたちにとっても、そのような沈黙があることを知るのは大切なことのように思います。

I 『セラピスト』をセラピストたちが読む

二人に流れる静謐な時間

内海新祐

私が臨床心理学の勉強を始めた一九九〇年代の前半、臨床心理学や心理療法という言葉から私に喚起される情景は、密室の中で、苦難を抱えた患者とそれを静かに受け止める治療者、というものだった。苦悩や症状の中に潜むその人独自の個性の発現可能性を信じ、相手の言葉にじっと耳を澄ませる。対話の中で、あるいは描画や箱庭などを介して、それが動き出すのを邪魔せずに待つ。これが心理臨床家の基本的態度だと思いなした学生は、私だけではなかったろう。その時代の業界全体がそうだったとまでは言えないかもしれないが、私の周辺においては、個性化、自己実現、無意識、深い（浅い）心理療法……といった言葉は、実用的な概念として使われていた。私たち学生が思い描く心理臨床の営みは、少なくともその学び始めにおいては、面接室において一対一（私とあなた）で行なわれるパーソナルなこころの交流が主だったように思う。

しかし、二〇一〇年代も半ばを迎えつつある昨今、そのような「純粋種」のような心理面接を生業の中心に置いている心理臨床家はどれくらいいるだろうか（そもそも、現場で働く心理職にとって、「臨床家」という言葉は自身のアイデンティティにどれほどフィットするだろう）。心理職の職域は拡大した。既存の医療機関や相談機関のような「外来」のみならず、学校や幼稚園、福祉施設、行政機関など、組織内部に導入されるようになった。組織にとって新参者である心理職はいかにあるべきか。試行錯誤が為される中で、「一対一の心理面接という設定を、外来治療・相談機関と同じようにやろうとすること」はもっともまずい発想とされた。たとえば、スクールカウンセラー事業においては、「学校の中で心理療法を行おうとするのは見当違いである。学校という場の特性を熟知し、学校コミュニティ全体を〝クライエント〟と見立て、組織全体の機能が向上するよう動くのが大事だ」といったように。そして、それは実際その通りなのだった。日常のただ中で、心理学的観点を示しながらスタッフ間を縦横につなぐ。会議やカンファレンスや茶飲み話が主戦場となる場合は多く、ネットワーク、コラボレーション、多職種連携、チーム……といった言葉の使用頻度が増えた。

また、一対一の心理療法というシチュエーションにおいても、費用対効果、エビデンス、介入、説明責任……といった、かつてはあまり耳馴れなかった言葉の使用頻度が増えている。書店の心理療法コーナーでは認知行動療法関連の書籍の幅が広がり、ユングやロジャーズはいささか肩身が狭そうである。心理療法の「深い、浅い」はさして話題にもならず、「可能性」も「待つこと」も、メインストリートにある言葉ではなくなったように見える。

＊

現在、私たち心理職の仕事状況がこのようなものであるためでもあろう。本書で描かれている世界は、私にとってとてもなつかしいものに思えた。良き状態に教え導くのではなく、逸脱を矯正・除去するのでもなく、じっと傍らにいる。そこに徹することで、こちらの想像を超えて開花し変化していく、あのちょっと不思議な逆説。学び始めに垣間見た「こころの治療」の世界は、当時の私には、その方法（姿勢というべきか）の意外性ゆえか、新鮮さと解放性を感じさせるものだった。最相葉月の『セラピスト』は、その感覚をも思い起こさせる本だった。

「河合隼雄の発展させた箱庭療法と精神科医の中井久夫が考案した風景構成法を軸に、この国の心理療法の歴史をたどり現状を問うノンフィクション」と著者みずからがまとめているように（最相、2014）、この本では、箱庭療法や風景構成法誕生の背景に流れていた精神医学や臨床心理学の動向、そこに関わった臨床家群像、そして、箱庭や描画を介した実際の治療の体験世界がまず中心骨格として描かれている（第1章～第6章）。これを十分に描いたうえで、もはやそのような臨床が成り立たなくなっている現況が描かれる。いわく、病理像の変化、イマジネーション能力や自我のありようの変化、爆発的に増加する精神科受診者、あるいは来談者。対して、あまりに乏しい精神科医や臨床心理士の供給量。結果、量を捌くことに手一杯でゆとりをなくしている現場（第8章、第9章）。DSM—Ⅲに代表される、アメリカ精神医学の「グローバル化」の到来がその予兆であったことが、「黒船」になぞらえられる形で挟まれている（第7章）。この現状の中で、問われている「こころの治療」は今後どうあるべきなのか、臨床家たちはどうしていくのか、と。

問いの答えは、少なくともその一部は、もう出されていると思う。「あとがき」で著者はこう書いている。「認知行動療法が隆盛の今、時間も手間もかかるふた昔前の療法を採り上げることにどんな意味があるのかという声も聞こえてきそうだ」「しかし、これら（引用者註：箱庭療法や風景構成法）が日本で独自の発展を遂げ、数え切れないほどのクライエントを癒し、彼らの認知世界への理解を深め、心理療法の歴史を塗り変えたのは確かである。その担い手であるセラピストのことを胸に刻むために、私は本書を書いた」（p333）。

そう、胸に刻むことなのだ。著者が軸として描いた臨床家とその療法。それがクライエントとの間でどんな時間となり、どのような体験をもたらしたのか。現状において、それを現出させることは簡単ではないとしても、せめてそれを、胸に刻んでおくこと。「刻む」が大仰というのなら「胸に留めておく」くらいでもいい。Silence in Psychotherapy という副題に凝縮されているであろう、その世界の意味と価値を、手放さないこと。

Silence という言葉が表す時間と空気の味わいは、本書のところどころに挟まれた、精神科医・中井久夫と、著者・最相葉月との描画を介した面接の「逐語録」にもっともよく描かれている。特に、最相をテスターとして描画を終えた中井が、ふと気づけば寝息を立てて休んでいた、という場面が印象的である。――「部屋には自然光だけがあった。ふだん、取材で向き合っている時とはまったく異なる、静謐な空気に包まれていた。（中略）それは、いまだかつて経験したことのない内容の濃い時間であるように感じられた。これが、因果から解き放たれた対話の力というものなのだろうか」（p272）。

Silence は、おそらく著者の意図に即せば「沈黙」で、確かにこれはたんなる無言や無音ではない大切な言葉だけれど――「ことばは沈黙に／光は闇に／生は死の中にこそあるものなれ／飛翔せるタカの／虚空にこそ輝ける如くに」（『ゲド戦記』冒頭）――上のような印象的な場面を読むと、沈黙のその先に立ち現れる世界の質感により強く心惹かれてしまう。だから私としては、ここは「静謐」と受け取りたい。クライエントとセラピストの二人に流れる静謐な時間の価値を、今後の仕事のために胸に留めておきたいと思う。絶えず泡立つような騒々しい日常のただ中での、チームや組織内での仕事が多いからこそ、また、絶えず効果や効率や因果律的な説明が要請される昨今だからこそ。私はこの本が、二〇一〇年代のこの状況の中で世に出た意義を思う。

＊

それにしても、「この国の心理療法の歴史をたどり現状を問う」立脚点として、数多ある心理療法の中から選んだものが河合隼雄や中井久夫の世界だったとは、いったいどういうことなのであろうか。その理由もまた数多あるのかもしれないが、私は、著者が長年苦労しながら培ったインタビュアーの姿勢と、心理療法家的姿勢とにある近縁性を感じ取っていたからではないかと想像する。ここで言う「心理療法家的」姿勢とは、相手の固有の世界をそのままに理解しようとすること、そしてそれを通して、相手のみならず自分自身をも発見していくことに開かれていることである。

もちろん、完全一致はしない。ノンフィクションは、対象への援助が目的ではないし、取材した事実に基づいているとはいえ、ライターの書きたい方向へフィクショナイズしていくという性質を、程度の差はあれ潜ませているものであろう。著者も「ノンフィクションといいながらも、自分の見立てやストーリーからはみ出るものを刈り取る行為を意図的に、あるいは無意識のうちにしていることを自覚していた」（p332）と述べている。原理的にそれは避けられない。だが、そこに安住できない思いもあったのではないか。なにしろ話を聴く相手は「愛する人を災害や事故で失った人、親の不和や裏切りに苦しむ子ども、何十年も前の戦争で敵を銃撃したことに苦しむお年寄り……」（p331）等である。こういった人たちの言葉に耳を傾けておきながら開き直り切るわけにはいかなかったのではないか。この方たちの語る世界を、自分のストーリーに合うよう刈り取ってよいものなのか、と。

成田（2014）は、すぐれたインタビュアーたる条件として、①インタビュイーに対する十分な知識を持ちながらも、いざインタビューをするときにはそれに縛られないこと、②インタビュイーに対する敬意そして愛をもつこと、③インタビュイーの中にすぐには分からないところ、つまり謎を見出す能力を持つこと、を挙げ、これらの点において精神療法家との重なりを見出している。著者もライターであるからには自身の見出した固有のストーリー、固有の世界を分かってほしい、大事にしてほしい、という思いは人一倍強いであろう。しかし、自分にそのような世界があるからには、相手（取材対象）にもそのような世界があるはずで、それをいかに歪曲・矮小化せずに汲み取るか、取材の中で苦心していたに違いない。そしてその呻吟の中で、よきインタビュアーたる条件――それはよき精神療法家の条件にも連なる――を磨いていくことになったのであろう。相手の固有の世界に耳を澄ませ、その世界に共振する中で、同時に聞こえてくる自分自身の内なる響き。これをしっかりと聴き取ろうとこころを傾けたとき立ち現れたのが、silence の意味と価値だったのではないか。

そのようにして培われた著者のインタビュー力、取材力の一つの到達点として本書はあると思う。私はこの本をたまたま異様に早く目が覚めてしまった日曜の朝に読み終わった。最後のほうを読み進むにつれ、家人が起きだす前の、静謐な時間と空気の中で最後のページを読んでしまいたい思いが強くなった。そして、それが叶ってしばらく私は幸福だった。他の人にはどうでもいいようなことであろうが、でも、この本は、そういう本だと思うのである。

〈参考・引用文献〉

最相葉月　２０１４　「心理療法のスタート地点」こころの科学１７７号p86―87　日本評論社

成田善弘　２０１４　「精神療法家の本棚」p106―107　みすず書房

ル＝グウィン（清水真砂子訳）　１９７６　「ゲド戦記　影との戦い」　岩波書店

I 『セラピスト』をセラピストたちが読む

最相作品の独断的ご案内

編集部編

『高原永伍、「逃げ」て生きた！』（徳間書店・一九九四年）

刊行は一九九四年だが、取材開始・執筆は一九八九（昭和六四）年ごろか。著者二六歳。関西弁の軽めのノリで書き出され、いわゆる若書きかと思って読んで行ったら、途中で居住まいを正すことになった。取材の徹底ぶり、対象への没頭（つまりは深いリスペクトと愛情）、主題に対して妥協を潔しとしない姿勢。すでにして「最相葉月」であった。

競輪は、選手にも客にも、どこか哀愁がある。評者の車券購入体験など微々たるものだが、競輪場は、場末のどんづまりの居酒屋がよく似合うような、人生のそこはかとない哀感がある。終生「逃げ」を身上とした高原永伍という選手を追いながら、著者はこの年齢で、人生の哀しみとか、栄光と挫折と屈折したプライドといったものを、きちんと捕まえている。そして、著作の終盤に入り、高原が新たに作りなおしたという自転車の話題に言及し、次のように書きつける。

「強い選手はどんな自転車に乗っても強いはずだ。素人はそう考える。けれども、強い人間というのは、強くなる過程であらゆる研究をしているから、多少の変化であればある程度は対応できるということで、何が何でも勝てるというわけではない。ギア倍率の調整や、クランクの長さ、サドルの位置、フレームの角度……に至るまで、すさまじいまでの研究を重ねているのである。全盛期、レース参加中に何者かにクランクが盗まれてしまったこともあったらしい」（p200～201）

ここまで競輪というレースに、あるいは自転車に、競輪選手という存在に、深く食い込んだ記述がなされていることに驚き、感嘆した。リスペクトに溢れてもいる。くり返すがこのとき著者、弱冠二六歳である。

この引用からもう一つ強く印象づけられることは、「強くなる過程であらゆる研究をしているから」と、さり気なく書いていることだ。一流選手のなんであるかについて述べている件ではあるが、この著作以降の、著者自身の未来予測、かくあるべしという自らへの励ましと意思。そのような、目の前の〝一本の進むべき道〟を感じさせる記述にもなっている。次作、『絶対音感』で何をしなくてはならないか、このとき、すでに自身の間合いに収めたのではなかったか。そんな想像さえさせる記述である。再度書くが、「最相葉月」は最初から、すさまじいまでの研究と取材を重ねる「最相葉月」であった。

『絶対音感』（小学館・一九九八年）

手にしたのは二〇〇二年の小学館文庫版。このとき、自分がまさか、ノンフィクションやルポルタージュを書いてなりわいとするようになるとは考えてもいなかった。本書は、聴覚の問題、自閉症スペクトラムと感覚・知覚の問題という関心から手にした記憶がある。一読し、とにかく圧倒された。浅草事件の取材を始めてはいたが、本書に、取材依頼にはひたすら手紙を書くのだと記してあるのを見て、そして手紙に説得されて実際に登場してくる人たちを見て、ひょっとしたら一つの夢想かもしれない非現実を一つずつ現実にしていく力技。これぞノンフィクションの醍醐味か、といたく感じ入ったものであった。

読み進めるうちに気づかされるが、著者は「絶対音感」という知覚特性を手がかりに、「人間にとって美とは何か」という大テーマに上りつめようとする。「音楽はなぜ人を感動させるのか」。「ある種の人間はなぜあのように音の美を聞き分け、自らもそれを生み出すことができるのか」。小林秀雄の『モオツァルト』も、たしかそんな主題だった。小林は、ロジック以上に文章そのものの美しさで、音楽（モオツァルトの旋律）の美を表現しようとしていた。『絶対音感』は逆に多くの音楽家たちに、それぞれのつかまえている音楽の美を、言葉に変換させようとしている。音楽家たちの数多くの言葉をこのように引き出し得たことも、本書の大きな美質であると思う。

『青いバラ』(小学館・二〇〇一年)

以下、引用。

「鈴木省三は、自分の望むバラをつくるときには、目指す花色や花弁の姿かたち、葉や香り、大きさに至るまで、どれだけ自分が欲しいもののイメージを具体的に描けるかが重要だとよく後輩たちにいっていたという。そして、その実現を確信することがもっとも重要なのだ、と。二十世紀末に誕生したバイオテクノロジーによって青いバラを誕生させようとするのであれば、それが一企業の利益になることを目標とするものであっても、その技術が過去の科学技術の歴史の流れに立つ同じ人の営みであり、その夢が本当の夢であるのなら夢の実現を推し進める意志の力をもたなくてはならないのではないか。そうでなければ、それはたんに技術を手にしたものの傲《おご》りでしかないのではないかと思うのである」(p449)

「青いバラ」をめぐる長い長い旅のたどり着いたところが、この、慨嘆のような問いかけであった。バイオテクノロジーの粋を駆使して青いバラを作ろうとしてきた企業。そこで求められていたのは花の美しさではなく、市場での商品価値であり、経済的魅力があればこそ作っていた、それだけだった。これは人間と自然の謎に、迫りえたことになるのか。さて、科学技術は何を解明し、何を人間に寄与するのか。……そう著者は、問うている。

『なんといふ空』(中央公論社・二〇〇一年)

とびきり面白いエッセイ集。テーマは硬派・社会派から、プライベート・エッセイまで様々。何よりも好ましく思うのは、タイトルに選ばれている山頭火はもちろん、色川武大、阿久悠といった、放浪と無頼の匂いをプンプンさせる文士・文人たちの名前が散見されること。初読の際、おお、そうだったのかと合点した。「最相葉月」という書き手の〝隠し味〟は、これではないかと思い当ったのである。「由緒正しき本格派ノンフィクションライター」という看板に嘘偽りはないけれど、その奥に、文士・文人の、しかも放浪と無頼をもっぱらとする文士・文人の気合いとたたずまいがある。

それにしても、自宅では料理までなさっておられるようだが、これだけ取材に駆け回り(「取材」も放浪の一種かといま思い当たったが)、本や資料を探索し、目を通し、さらには音楽や映画、絵画などにも足を運んで親しんでおられる。どこにそんな時間があるのか、と驚嘆しきりだった（書中、本屋さんに行くと……、という話題には、ちょっと笑い、ちょっと安心した。何のことかは現物に。ちなみに当方はバス、電車、車がだめ。特に満員電車や車の渋滞にぶつかると、あっという間に脂汗が出てくる。読者諸兄にはどうでもいいことではあるが）。

『最相葉月のさいとび』（筑摩書房・二〇〇三年）

エッセイ集（タイトルの「さいとび」の由来は、著書をご覧あれ）。取材の落ち葉を材としたもの、身辺雑記風のもの、幼少期に触れたもの、出版業界の仕事の中で会った人・あったこと、を書いたもの。周辺で起きた不思議現象にも触れている（結構そういう体質をおもちのよう）。そして阪神・淡路大震災後のルポ。

硬軟自在のテーマが綴られていて、「最相葉月」という著者についての人間研究に関心をお持ちの方には、お薦めかもしれません。ところどころに関西風のノリが見られ、そうとうサービス精神が旺盛な著者である、という発見が印象深かった。

『あのころの未来　星新一の預言』（新潮社・二〇〇三年、新潮文庫）

星新一の作品がこれほど人気を得て読み継がれていたということを、迂闊にも、著者の評伝『星新一』を読むまで考えてもみなかった。星の本は、高校時代に『ボッコちゃん』など数冊を手にした記憶があるが、それきりだった。またそれほどの人気作家でありながら、星新一研究がだれの手で、どんな研究がなされているのか、などなど、まったく知らなかった。たぶん、星新一研究とか、星新一論などを大真面目に書いても、星の読者には見向きもされないだろう。つまり、商売にはならないだろうと思う。

そんななか、この本は「戦略家・最相葉月」という一面をよく示しているのではないか。『青いバラ』では、章と章のあいだに鈴木省三へのルポを挟み、『セラピスト』でも中井久夫への「逐語録」を途中に配置していくなど、構成に工夫を凝らしている。編集者時代に培った編集センスも一役買っているだろうが、企画や手法にさりげなく戦略を凝らしてきた著者である。本書では、世相ネタや時事ネタを取り上げながら、それを星作品と関連させていく、というスタイルをとっている。単なる解説でも論でもない。

こうした試みは、星新一を相当に読み込んでいないとすぐにネタ切れになり、苦し紛れの無理筋に持って行きかねないところだが、本書は、そのスタイルで押し切っている。

『熱烈応援！　スポーツ天国』（ちくまプリマー新書・二〇〇五年）

密かにそうではないかと感じていたが、どうも著者は根っからの体育会系（らしい）。そのことを示す一冊が、本書ではないかと睨んだ。超マイナーなスポーツを取材予告や依頼なしに訪ね、観戦し、グッズを求め、ひいては取材。ビリヤードとか、ボーリング、ダンスならまだ理解できるが、雪合戦？　キンボール？　スポーツチャンバラ？

アリエナイ、と評者は思った。でも著者はじつに楽しそうに観客となり、ルポを書いている。ともあれ、健全な青少年の育成に向けて刊行されたはずの、天下のプリマー新書で、こともあろうに競輪を紹介し、「「さっ、明日も競馬で損しよかあ」。学生よ、競輪ファンはこれやで」と、バクチの薦めを述べておられるあたり（文脈を無視して引いているが）、さすがブライ派、と感心することしきりであった。

『星新一　一〇〇一話をつくったひと』（新潮社・二〇〇七年）

どんなテーマや題材を選ぶか。そこにどんなコンセプトを発見し、どういうストーリーを組み立てていくか。どんな資料が必要で、誰に取材をするか。どうすればその人に会うことができるのか。作品を決定付ける、こうした一つ一つのことがらに対する着想・着眼の冴え。それを実現していく行動力。さらに時間・人・場所・資料など、自分が必要だと考えているものを引きよせてしまう「運」。これは何もしないままやってくる、ただの「ツキ」とは異なり、不断の鍛錬が、いざというときにものを言うような賜物だろう。ノンフィクションという領域や、テーマに賭ける思いの強さゆえの授かりもの、といってもいいだろうか。取材力とは、毎日毎日の、地道な積み重ねなくしてはありえないものだ。

もう一つ。取材の中で聞くことになる多くの方たちの言葉、出会った資料。それらはもはや自分一人のものではなく、後世への財産として橋渡しをする責任が生じた、という自覚と使命感（『仕事の手帳』でも似たことが述べられている）。これらすべての総合力が、ノンフィクションライターとしての「才能」というならば、本書はまさに著者の「才能」が本物であることを、決定的に世に知らしめた作品であると思う。

『絶対音感』にも同様の力があった。ただしこちらにはもう一つ、〝勢い〟という若さのもたらす武器があった。それがエネルギーの源泉だった、と思う。ところが『星新一』のほうは、世間というものがなんであるか、姿を隠したままぶつけられる悪意の何であるか、裏も表も十分に体験した後の、ある種の風格とかゆとりとか、落ち着きといったものが、文章の端々から感じられた（評者のこの物言い、ちょっと上から目線かも。お許しあれ）。

さらに本書にはたくさんのテーマが出てくる。たとえば星家の親子、夫婦の系図から派生する膨大な人間関係。星製薬会社の内情と経済界、政界の問題。日本におけるSF小説の誕生と進展（作家たちは何をして、文壇の中でどう遇されて来たのか）。そして人間・星新一その人の葛藤、自負、才能、苦悩などなど。多くのテーマを支流のように伴いながら、本書は進行していく。もちろん大河の本流は星その人である。これだけのテーマや多くの人物を描きながら、散漫な印象は皆無。しっかりと束ねながら進行させ、結末に至って、一気に星新一という人物の核心に迫っていく。

ギャグ漫画家と短編小説家は短命である、と耳にしたことがある（吉田戦車が出てきたときだったか、阿部昭が突然他界したときだったか）。そうだろう、とすぐに納得した。一編のギャグ漫画も一編の短編小説も、手抜きをしないで描き続けていくことは、命を削るに等しいおこないである。毎晩、悪夢にうなされるだろう。星は幸いにして短命ではなかったが、悪夢が、心身をじわじわと蝕んでいったことが、本書から如実に感じ取ることができる。一見、飄々とした星新一ではあるが、しかし、どれほど屈折した苦渋を隠し持っていたか、その見えざる内面に著者の筆は届いている。それにしても、これだけ分量があって、質が高くて、それでも面白く読ませるのは、ウデとはいえ、いったいどんな秘訣があるのですか。

『ビヨンド・エジソン』（ポプラ社・二〇〇九年）

一二人の科学者に、一二のテーマを取材したサイエンス・ノンフィクション。世界の最先端で闘う科学の知性が描かれるが、注目したいのは第一章の寄生虫学から第一二章の脳神経科学まで、広汎なテーマに挑み、咀嚼していく著者の力業。もう一つは、サイエンス・ノンフィクションとして読者に用意した作品上の仕掛けだ。著者は、科学者たちに幼少期に感銘を受けた伝記を一冊選んでもらうことと、若き時代に生涯のテーマや師とどう出会ったか、二つを語らせている。そしてこの問いは、「なぜ自分は科学を生涯の仕事として選ばなかったのか」という自身への問いと地続きになっている。どういうことか。本書は、「最先端の科学知性を主題としたノンフィクション」という器を用いながら、人文的知の問いにも答えようとした、野心あふれる力作だと評者には思えた。『絶対音感』以来、科学のテーマや方法に強い関心を示しつつも、人文知に架橋しようとする姿勢を一貫して崩さずに来ている。

『セラピスト』（新潮社・二〇一四年）

本書参照のこと。ちなみに前回の「ボロ酔い日記」（「飢餓陣営」誌に掲載）に、次のように書いた。●早朝、しっかりと読了。なるほどこういう仕事をしておられたのか。（略）●今回の著書は中井、河合隼雄の両巨頭をはじめ、たくさんのセラピストを取材し、「カウンセリング」や「心の治療」というテーマに、真正面から挑んでいる。（略）●構成がとてもいい。さりげなく置かれた布石が、少しずつその意図を明らかにしていく手際。ストーリーテリングの常套だろうといえばそうなのだが、「起」は自身に引き寄せたテーマで始められ、そこで置かれる布石が「承」から「転」と進むにつれて、広い視点から一般化されながら図と地がはっきりしてくる。そして著者の抱える課題とセラピー一般の問題が、大きな渦を作って「結」に進んでいく。難題に挑んでいるだけに、その進み方が、この著者らしいと感じさせる。将棋でいう〝寄せ〟にゆるみがないと言えばいいか、スマートなのです。●忙中の読書だったが、甲斐あって、大いなる刺激をいただいた。

『仕事の手帳』（日本経済新聞社・二〇一四年）

著者と我が身との比較などおこがましい、と断りを入れてから書くが、編集、取材、ノンフィクションという仕事の在り方が重なっていることもあって、どこにどんな関心を向けておられるか、教えられるところの多い内容であった。勉強になったと言えばよいのか、刺激をいただいたと言えばよいのか、ガツンとやられたと言えばよいのか。改めて痛感したのは、取材の徹底ぶり。テーマを掘り下げようとする意志。なかでも『星新一』がどう書かれたか。評伝というジャンルにあって、その人物を書こうとする人間が必要とするものは何か。突っ込んで、手の内を明かしてくれている。取材を徹底するとは、なるほどこういうことをいうのかと、今更ながら思い知った次第。こんな同業者の感想はともかくとしても、時代の真っただ中を走っている第一級の表現者が、何を見ようとし、何を考えているのか、それを知る絶好の著書。

［討議］滝川一廣氏を囲んで——精神療法とはなにか

〈出席者〉滝川一廣、斎藤悦雄（司会）、宗近真一郎、由紀草一、夏木智、池見恒則、鈴木一夫、佐藤幹夫

司会（斉藤悦雄）　きょうは精神科医の滝川一廣さんをお呼びして、心理療法のお話を聞かせていただきたいと思います。テキストとしては滝川さんの編著である『治療のテルモピュライ——中井久夫の仕事を考え直す——』（星和書店1998年3月）と『こころの科学』（日本評論社1999年1月号）の「心理療法の基底をなすもの」という論文になりますが、テキストにこだわらずにこころの問題について話し合えればと考えています。ぼくは塾をしていますが、滝川さんのものを読んで、教育ととても似たところがある、と感じました。皆さん、まず自己紹介を。

宗近真一郎　小平に住んでいる宗近といいます。会社員ですが、評論を書いていて、隣の佐藤さんの雑誌に掲載させてもらっています。滝川さんの本を読んで、ぼくは金融関係の仕事をしていることもあり、経済のことを考えたりしました。例えばサイコセラピーの関係の力学を「交換」や「価値」、「市場」といったタームの中に置けるかどうか。きょうは皆さんとは違う点から話せたらと思っています。

佐藤幹夫　千葉で養護学校の教員をしている佐藤といいます。生業のかたわら、批評を書いたり思想や文学の雑誌を作ったりしています。

由紀草一　茨城で公立高校の教員をしています。私も評論を書いておりまして、今度洋泉社から新しい本が出ました。『思想以前』という題です。よろしくお願いします。それで滝川さんがロジャーズについて書かれていますが、茨城県はいまもロジャーズです。茨城キリスト教大学に実際に

きて、伝えたのが発端だろうと思います。私も最初の学校で教育相談という仕事をなぜかさせられ、その際何回か研修に行ったのですが、そこで教わることはすべてロジャーズでした。ロジャーズの全集は今も出ているのでしょうか、その中の二冊ほど読んで、とても感動したことを覚えています。ただ「カウンセリング・マインド」などといわれていますが、私自身実際はなかなか身につかなくて、よく生徒と対立しています（笑）。

夏木智　私も茨城で高校の教員をしながら、評論を書いている夏木といいます。今日はとても楽しみにして来ました。いま由紀さんが言われたように、私もロジャーズを最初に読んだときにはたいへん強い印象を受けました。ただ、それからいろいろ経験するなかで、いまは、心理療法といいますか、精神医学と言いますか、そういうものに全体的に不信感を持っている部分があります。きょうはその不信が拭えるのかどうかという点を楽しみにしています。

鈴木一夫　浦和で塾をやっています。この会の裏方のようなことをしています。

池見恒則　天野さんと一緒に、この会の世話役のようなことをしています。よろしくお願いします。

司会　今までの皆さんの話を聞いていて、ロジャーズを読んでみたけれどどうなんだろうという疑問が出ていましたが、精神療法と心理療法という言葉が使い分けられているようですが、その辺の違いなども含めて、最初に滝川さんからお話をしていただきたいと思います。

滝川一廣　きょうは差し障りのある話もちょっと出るかもしれませんが、それは後で編集していただくこととして（笑）、まず精神療法と心理療法の違いですが、どちらもサイコセラピーという語の翻訳で、伝統的に精神科医は「精神療法」と訳し、心理学者は「心理療法」と訳している、それだけの違いですね。

そこでまず私が書いた「心理療法の基底をなすもの」という論文の成立事情からお話ししてみようかなと思います。この『こころの科学』という雑誌がどんな人たちに読まれているのかよくわからないところはありますが、基本的には心理臨床をやっている方々や心理臨床を勉強中の方々が、主な読み手ではないかと思います。この号の編集を担当した青木省三さんという人は川崎医大の精神科の教授をされている方で、精神科の教授としては変わり種のほうに属するかと思います。変わり種という意味は二つあって、ひとつはまだお若いということで、もうひとつは意外に思われるかもしれませんが、精神医学の教授のなかでは、治療を中心にやっている方はレアなケースなんですね。脳の神経組織はどうなっているのかとかCTを撮ったりとか、脳内の生化学的な、バイオロジカルな研究をされている方が教授になるケースが多いのです。

それにはいくつか事情があって、大学教授は一般に教授選で選ばれますが、内科や外科の教授たちが選考に与るわけです。その人たちは生物医学者ですね。そういうメンバーによって選ばれていくわけですから、どうしても生物学的な方面に窓が開いている研究のほうが選ばれやすいところがあります。教授選考の論文を読んでも、精神病理や精神療法的なものはあまりよくわからないわけですから、したがって精神科医と言いながら、精神現象そのものの研究よりも、その基底である脳の研究の研究機関という色彩を大学は帯びやすく、精神療法は隅のほうに置かれがちだという事情があります。

青木先生はそのなかで珍しい例で、とくに思春期や青年期の精神療法の実践派ですね。たまたま私も縁があって、ときどきお目にかかったりするのですが、以前やはり『こころの科学』の号で私が編集の担当になって「中学生は、いま」という特集を組んだことがありました。そのとき青木先生に執筆依頼したという経緯があり、今回は私のほうが書いたということですね。

ご紹介のあった『治療のテルモピュライ』という本では「精神療法とはなにか」という論文を私は書きましたが、その延長上で「支持的心理療法」を論じてほしいという青木先生からのご依頼で、それがこの論文になったわけです。実際に治療に携わっている方、これから実践しようとしている方に読んでいただこうというのが青木先生のねらいですね。

そうした方々に語りかけるときに私が考えますのは、心理療法家やこれから心理療法をやりたいという方々は視界が狭くなりがちといいますか、心理療法の世界だけが人間を視る枠組みになりがちですので、そうではなく、日常生活の場での実際の人との関わりのなかから考えてみたいということです。普通の日常性ですね。狭い意味での心理療法の枠組みをちょっと壊して、その外へ広げていく、そんなことを伝えてみたかったということです。

私がどうしてそんなことを考えるのかといいますと、心理療法というのは、今ある意味でブームですね。こころのケアとか、癒しとか、メンタルヘルスとか、よくいわれます。大学でカウンセリングや心理療法を勉強したい希望者が多いんです。それがどういうことかですね。心理療法とはそんなにすばらしいものなんだろうか。少し控えめにとらえておきたいという気持ちがあるのです。

だいたい心理療法なるものへの評価は二つに分かれやすく、一方では過剰なほどの期待を背負わされ、すごい特別な専門技術であるように受け取られています。ところがもう一方では、とても胡散臭い、いかがわしいもののようにも感じられています。こうした評価の二面性は、じつは心理療法が誕生して以来のことなんです。近代的な意味での最初の職業的心理療法家とされているのがメスメルなんですが、近代的な心理療法の幕を開いた先駆者であるというのが一方の評価、もう一方では彼はイカサマ師であったとの説がいわれています。心理療法は最初から二面性を背負ってきたわけですね。それはなぜかについては後の議論で触れられたらと思います。

「ひと」に出会う臨床医として

滝川　次は、じゃあおまえは何をしてきたのか、ということを話さなければいけないわけですが、私自身は、精神科医の中では心理療法的な臨床をやってきたほうではないかと思いますし、周囲からもそう見られているのではないかと思います。ただし、例えばロジャーズの研究所で修業してきたロジャリアンですとか、行動療法家ですとか、精神分析家ですとかいうような、ある流派や学派のなかでひとつの技術を徹底的に身につけた治療家ではないんですね。そうやってひとつの技術を身につけることがプロであるとするならば、私はシロウトです。あえて派を分ければ折衷派といいますか、そういう存在でしょうか。「精神療法とは何か」の論文の中でも、むしろ無党派折衷派にこそ心理療法の本質があるんだと論じています。まあ、我田引水でしょうね。でも、こう水が引けるんだというところは丁寧に筋道立てて論じたつもりです。それで良いと自分では思っています。

心理療法というのは、結局、偏りすぎないことが大事で、こころとこころの生身の関係を扱うのですから、その方法論も生身の体験の中から少しずつ身につけてきたものが大事でしょうね。心理療法の本をたくさん読破し、たくさん研修に参加すれば、じゃあ、よい心理療法家になれるかといいますと、必ずしもそうではないんです。それだけではだめなんですね。理論からでなく、生きた人間から学ぶ側面が必要だと思います。「技法」に出会うのではなく、「人」に出会うのだというところがあります。

そういう意味で私の場合には、たまたま何人かの良いお師匠さんに出会うことができ、それを見よう見真似で学んできた、そのことがよかったと言えます。

私が精神科医になろうと教室に入ったときのお師匠さんのひとりは、皆さんもお名前をご存じでしょうが、木村敏さんですね。木村先生が教授になられたばかりのときでした。そのとき助教授に来られたのが、中井久夫さんです。それから今は京大におられるユング派の山中康裕先生、臨床に徹して開業しておられる大橋一恵先生も先輩としておられました。この方は土居健郎さんの直弟子ですね。

いまにして思えば考えられないような、そうそうたるメンバーだったのです。木村敏さんも変わりだねで、研究者一本だったわけではなく、大学を出られてから地方の精神病院にずっと勤めておられた方です。先ほど精神科の教授は意外なほど精神科の治療が専門ではないということを話しましたが、木村教授はハイデガーの系譜をつぐ難解な精神病理学者として知られていますけれども、臨床家としても豊富な実績のある方で、これが難解な論文の隠し味になっています。けっして頭でっかちな学者ではなく、どちらかといえば野武士的な方です。

中井久夫さんも皆さんご存じの方も多いと思いますが、とてもすぐれた精神療法家で、指折りの治療家ですね。その方から治療の手ほどきを受けたことは、とても幸福なことだったと思います。大橋一恵先生は、土居さんの直弟子だといいましたが、土居さんは『甘えの構造』でよく知られた方ですね。しかし私たちの業界では、精神療法のきわめて優れたトレーナーとしてこそ知られています。

土居先生は精神分析家なんですけれども、いっさい精神分析的な概念を使わないんです。日常のふつうの言葉で語ります。駆け出しのころ、欧米の精神分析の本を読んでびっくりしたことに、「男根羨望」といったように精神分析のターミノロジーを生で使って患者さんとやりとりしていたらしいのですね。これって異様じゃないですか。やっぱりそれではだめで、普通の言葉で患者さんとやりとりができなくては。なぜだめかといえば、患者さんが我が身を、「男根羨望」とか、「幼児期の満たされない願望」とかで了解し始めたら、専門家的な、いわば「プロの患者さん」になるからですね。プロになったら、病気離れが難しくなるおそれがあります。患者たることがアイデンティティになってしまうためです。普通の人になってもらうのが私たちの仕事なのですから、これはたいへんまずいことですね。流行の「アダルトチルドレン」概念なども、この危うさをはらんでいます。土居先生は、こうした問題性にいちはやく気づいておられた精神療法家でした。

山中康裕先生は河合隼雄さんの直弟子です。河合さんはこのごろは文筆に専念しておられるご様子ですが、もともとはとても実践的な治療家です。メディアを通じては見えないことなので言っておきますが、ものの役に立つ治療者を鍛錬してきた実績では東の土居、西の河合と言えるかもしれません。いまの河合先生は、わが国の心理臨床に専門的な市民権をということで、スポークスマンや啓蒙家に徹しておられますね。草分けの苦労を感じさせられます。

精神科医になりたての西も東もわからないときに、以上のごとくにそれぞれの履歴も立場も違いながら、腕のいい先生方々から直接間接にいろいろ吸収できました。今でこそ押しも押されもせぬ木村敏、中井久夫ですが、当時は知る人ぞ知るだけの存在で、何も知らない私は、大学教授や助教授は皆こういうものだろう、大学で教えるほどの精神科医は一般にこのくらいの見識と技量があるものだろうと思っていました。

最初のお師匠たちが、少なくとも私にとっては「無名」だったのはとても幸いでした（無知の幸いです）。高名な師のもとにその高名を慕ってやってくる弟子という教育関係は必ずしも後がよろしくありません。フロイトもその実例を見せていますし、身近に見聞したケースもあります。中井先生はそのあと神戸大学の教授になられました。いかがですかとお伺いしたところ、教授になるとひたすら盲従する弟子か、反発する弟子かに分かれてしまうと残念がられていました。

そんなことで、私は特定の流派に属さずに臨床を続け、無党派折衷主義でやってきました。スタートがこうだったので、それが根っこなんですね。でも、ときどきはきちんと専門的な勉強をしないといけないのかなと思って、心理臨床のいろいろな専門流派の学会を覗いて回ったこともあるのですが、鼻白むといいますか、同じ流儀、同じ治療観の人たちだけがそれぞれ集まっている、いわば一種の党派なんです。いちおう私は全共闘世代なので、党派性には懲り懲りなわけでして（笑）。互いに他の流派に冷淡か無関心にすぎますしね。同じ流派内でも分派的な（?）対立はあって論争などもしていましたが、私にはなじめなかったですね。

ちょっと勘弁という感じで、自分なりに考えてやっていったほうがなじむと思いました。もっとも、それにはそれで自己流のもつ「独断と偏見」の恐れがあるわけです。

そこに陥らないためには、自分がやったり考えたりしている精神療法を、たえず日常一般の経験に広く置きなおしてみることですね。うまくやれているかどうかは別として、心がけとしてはそういうことですね。「精神療法とは何か」から「精神療法の基底をなすもの」までの論考の底をなすものは、以上の思いです。

私は学校論とか教育論もやっていますが、それも全体の中にものごとを置き直してみるという方法意識からおのずと出てきたものです。精神療法についてのスタンスと同じものでしょう。とりあえずこんなお話をして後は皆さんで議論していただければと思います

精神鑑定について

司会 滝川さんありがとうございました。我いかにして精神療法科医になりしかというお話だったと思いますが、皆さんのなかには、恐らくいまの滝川さんの話だけでは納得しないな、という人もいるかもしれません。遠慮なく議論してください。どなたか。

佐藤 先ほど患者のシロウトとクロウトというお話があって、たいへん面白いなと感じながらお聞きました。それで初歩的な質問ですが、私たちの多くは患者以前のシロウトですが、そんなぼくがどこで現実の心理学的なもの、精神分析的なものに触れることになるのかと言いましたら、例えば宮崎勤の事件の精神鑑定、というようなものによってだと思うんです。

何か殺人事件や通り魔事件があったときに、新聞などに出てくる識者の声というものがあって、そこで様々な心理学者や精神科医がコメントをするのですが、あれはまあご愛嬌、そんなものかという程度で聞き流します。しかし裁判での精神鑑定はそれとはまったくレベルの違う話で、面接を重ね、資料を積み上げた上での鑑定だと思うのですが、宮崎事件の場合、まったく異なる判定が三通り出されました。極端なことを言えば、その判定によって無罪になってしまうかもしれないし、極刑になってしまうかもしれない。大変に役割が重いわけですね。ところが鑑定結果がまったく分かれてしまう。そうするとシロウトとしては困ってしまうといいますか、精神鑑定というものへの不信を高めてしまうことになりかねないわけです。少なくともぼくの場合はそんな感じだったのですが、まずその点について伺いたいと思います。

滝川 一般論でいえば、大部分の精神鑑定というのは異論

の余地のない結論を示し、あんな混乱は見せないと思います。だれの目にも病気だったというケースについて、その旨の精神鑑定が下され、それは法廷で争われる余地もなく、従って私たちの目には触れないだけです。私も、殺人を犯したけれども心神喪失で刑法の対象にならなかった患者さんを二人ほど主治医として診てきました。ここでその患者さんの経緯を示して詳しくお話ししたら、「いや、それはおかしい、刑務所に入れるべきだった」と思われる方はまずいないだろうと思います。それに鑑定の結果、心神喪失となれば自由放免かといえばそうではなくて、その後は原則として入院治療、それも多くは措置入院という国家による強制入院になります。

ただ、まれに微妙なケースが出てくることがあります。そのレアケースがいまいわれた宮崎勤の場合ですね。

そもそも裁判とは検事側と弁護士側に分かれて対立して争うものですね。心神喪失か否かが裁判上の係争に持ち出されれば、それぞれが自分の側に立つ精神鑑定を持ち出そうとするのは当然です。互いに有利な鑑定を引き合いに出すわけですから、一致しないほうが当然で、一致してしまったら裁判にならないわけです。ちなみに医学の見解が極端に分かれたのは、宮崎裁判の精神鑑定だけではありません。名張の毒ぶどう酒殺人事件でしたか、キャップの歯跡が被告のものか否かで、正反対の法医学鑑定が出されて争われた裁判がありました。客観的な物的証拠の科学鑑定ですら、こうなのです。

裁判になったらあらためて精神鑑定が法廷に持ち出され、そのとき「責任能力なし」と判定されることはまれだと思います。なぜなら、誰が見てもこれは病気だ、法的責任は問えないというケースはすでに裁判以前の鑑定でほぼ異論の余地なく決着されているのが普通ですから。精神科医のひとりとして、お見苦しいところをお目にかけましてと申すべきかもしれませんが（笑）、宮崎鑑定は、その事例自体きわめて例外的なものですね。

もう一つ、あそこではいまどうなのかではなく、犯行時どんな心理状態だったかの鑑定を求められたわけで、それはたいへんに難しいのですね。目の前にいる人間がどうなのか、病気であるのかないのか、病気だとしたらどの病状なのか、という診断であれば、あれほどばらばらにはならないでしょう。振り返って犯行時点でどうだったかは、あくまで「推測」でしかありませんから、よけい判断が分かれやすいのです。それにもう一つ、学説上の対立があったかもしれません。統合失調症や多重人格をどう考えるか自体、決着がついていない論争的研究テーマという事情も絡んで、さらにややこしくなったかもしれません。

（一般参加者）　むしろ誰が見ても治療の必要があるときは問題にならないのであって、レアケースであればこそ、精神鑑定の問題が問われるのではないか。

滝川　そうなんだと思いますよ。それはそうなんだと思いますけど。ただ、微妙な、医者によって鑑定が分かれてしまうようなケースは、少なくとも心神喪失ではなく、責任能力があるケースと考えたほうが普通だろうと私は思うのですね。そもそも、裁判以前の段階で責任能力の有無は検討されているわけです。本来精神鑑定とは、誰が見てもこれは病気のせいですというときに、そういう人たちをきちんと病気の治療にのせるべくある制度です。そこは間違えてはいけないですね。極めてレアで特殊な事例の診断をつけるための制度ではありません。

また裁判で争われるとき、その精神鑑定の結果を受け入れるかどうかは、精神医学にはシロウトである裁判官に全面的に委ねられています。ですから、たとえば鑑定医が責任能力ありと判断しても、裁判官が、いやそれは違うと退けることも、その逆も、可能性として、あるいは権利としてはあるわけです。

夏木　精神科医がそういう微妙なところまで全面的に決定できるのであれば裁判はいらないですね。逆にその人のいうことだけが絶対的に正しいというような権力が精神科医という個人に与えられるというのも危険な話ですから、いろいろな意見を闘わせ、それを誰かが裁くという形にならざるを得ないですよね。

鈴木　鑑定も証拠の一つだから、証拠採用するかどうかですね。

滝川　違う意見が両側から出て、そこでディベートをするのが裁判ですからね。

「正常と異常」の精神医学的問題

宗近　社会というのは責任能力のある人の体系だという前提があって、裁判や法があるわけですね。ですから、裁判という場に臨場できるのは責任能力のある人たちであり、その人たちが、自身の責任や社会規範において正しいか正しくなかったかが問われ、その結果に対して社会権力が行使されるわけです。

ところが一方で、精神医学や臨床医学が出てきたのは、正常と異常をどう線引きするのか、という近代の要請と照応しており、それらは正常異常を分節するジャジメントを形成した。フーコーなどは狂気について語ろうとする説明原理の近代性を批判したわけです。それからもう一つ、異常者は責任能力がないわけですから、裁かれないということがあって、そこから治療の要請ということが出てくる。それも一つの社会権力の行使であり、また近代の要請だったわけですが、次第にそのジャジメントとモラリティの問題が交錯してきたのではないでしょうか。宮崎問題や、精神に障害のある人たちは、何をやっても罪は問われないのかという問題が出てくるようになった。社会の関係意識や欲望表出の回路が複雑になればなるほど、その難しさが出てくるわけです。

滝川　精神鑑定を厳密に考えれば、近代精神医学の中では、メンタルな「正常異常」を判別しようとする制度ではないわけです。そうではなく、脳の病気、つまり生物学的な意味での病気であるかないかを判別しようというものなのですね。もし病気ならば、人は自分の脳の病気にまでは責任は持てないわけです。つまり法的責任は求められないという考えになるのです。例えば統合失調症と診断されると、責任能力はないと基本的にはされるわけですが、それは近代医学においては、統合失調症は脳の病気と考えられているからですね。「異常」だからとか「狂気」だから責任が問われないということではないのです。

精神医学は、身体医学の概念や方法論の精神障害バージョンともいうべき正統精神医学と、精神分析に出自をもつ力動的精神医学とに分かれて、相補的な関係をとっていますが、前者は脳の病理研究を主に、後者は心の病理を主軸にしています。そういう意味では、精神分析は精神鑑定になじまないわけで、精神分析という方法で鑑定をする医者はいないし、頼まれもしないでしょうね。

由紀　昔から、何が異常で何が正常なのかという議論がありますね。不登校の問題などがあって、学校でカウンセリングを学ぶと、学校に来るのが正常で、不登校は異常だという雰囲気で語られてきたんですね。そういう子どもを学校に出てくるようにする、いってみれば異常を「治す」ようなカウンセリングの手法というものがあるわけです。いかに非指示的なカウンセリングであっても、どこか「治る」という方向を目指すわけです。でも何をもってその子が治ったと言えるのか。この場合には、学校へ一人で来れるようになることなのでしょうが、でもそれが本当に幸せかどうかは本人以外はわからないことです。この「治る」とか「治す」ということが、どうもいま一つよくわからない。

正常異常というのは、精神医学の与り知らぬところではあるのでしょうが、専門の方々が「治す」というとき、どんなイメージを持っておられるのか、教えていただきたいと思います。

滝川　まず正常異常についてですが、ディスオーダーという概念がありますね。「障害」と訳されるのですが、英語の本来の意味はオーダーからずれているということで、標準偏差で並べると真中からどちらかの端のほうへずれているという意味ですね。ずれていて少数である、ということであって、そこには正常か異常かということは含まれていないんですね。

ですから登校不登校という問題でも、不登校の子はオーダーからは、ずれていると捉えることができるわけです。出席日数を標準偏差にとったら、年間五〇日以上の欠席は大きく端にずれるという意味でディスオーダーだ、と（欠席ゼロの皆勤賞も同じ意味でディスオーダーだといえます）。けれどもそれがアブノーマルかどうか、病気かどうかはまた別の問題です。

由紀　するとその場合は社会的な規範とは別なわけですね。でも結果として、精神医学でもオーダーからずれているといっているのだから、登校するのが正常なんだという思いこみを強めるということにはなりませんか。

滝川　ディスオーダーであることを、本人や周りの人たちが困ったり悩んだりしていなければ、それはそれでいいわけです（たとえば皆勤賞は困らないでしょう）。

ちなみにＤＳＭⅢというアメリカの精神医学会の診断分類があって、これはあらゆるオーダーから外れた精神現象（メンタルディスオーダー）を枚挙分類してしまおうという意欲的というか無茶というか、そんなものですが、そこでは同性愛なども診断項目にあります。ディスオーダーには違いないというわけで。でも、これは同性愛を治療すべき精神疾患と考えるためではなく、ＤＳＭⅢは「ディスオーダー」の網羅的カタログだとの考えからでしょう。そのようなマイノリティのため悩む人も多いという含みはあるでしょうが。ところがこのメンタルディスオーダーを日本の精神医学者は「精神障害」と訳しているのです。

「不登校」とディスオーダー

滝川　面白いことに、このＤＳＭⅢには不登校にあたる診断項目はありません。アメリカの子どもの欠席率は日本の比ではありませんし、学校を休むことそれ自体は、オーダーからさしてずれた精神現象とはみなさない立場なのでしょう。

夏木　例えば滝川さんのところへ、子どもが不登校になってしまったという相談を持ちかけられたとしますね。その場合、治療をすべきか、あるいはその必要はないと判断するか、その基準は、どの辺になるのですか。

滝川　子どもが困っているか悩んでいるかが一つですね。学校へ行かないこと自体は悩みではなく、他になにか深い悩みがあって、そのために学校どころではないケースもありますね。いずれにせよ、困っていることに対して相談していきましょうということですね。もう一つは、子どもは全然困っていないけれども親のほうが困っている。その場合は親御さんの相談に乗る、ということになります。ですから心理療法とは、困っている人の「悩み」を解消したり軽減したりすることを目指すものですね。あなたは異常だから正常になるよう治療をしましょうということではないわけです。

夏木　例えば子どもは困らずに、親だけが困っているとします。その場合は親に対して、「あなたが精神を変えれば困らなくなりますよ」という治療をするわけですか。

滝川　変えるのは精神ではなく、困りごとのほうですね(笑)。

夏木　子どもが変わる場合もあるわけですか。

滝川　親御さんと相談しているうちに、結果として子どもが変わる場合もあるし、親のほうが、これはこれでいいだろうとなることもあります。

夏木　親がよしとすれば、治療は成功したということになるわけですか。

滝川　治療が成功したかどうかはわかりませんが、一つの問題が解決したということにはなりますね。

佐藤　その場合の解決は、「回復」したと理解していいんですか。

滝川　そうですねえ。「回復」というのは元に戻るということですから、同じ戻るでも、元の木阿弥に戻ってしまうこともあるわけでして(笑)。基本的にいえば「回復」とは医療的な概念で、心理療法にはぴったり来ないところがあるかもしれません。

「こころ」という物語と精神療法

夏木　私は最初に不信感をもっているということを言った

んですが、その一番の理由は、実際にはほとんど治らない、そういう例を多々目にしてきたからなんですね。登校拒否にしても、親がよしとしたことを解決と捉えれば別なのでしょうが、最終的には親があきらめてしまうことがほとんどなわけですね。カウンセラーに相談にいって治ったというところは、私の経験ではほとんどないんです。ロジャーズが最初はインパクトがあったという話をしましたが、本で読むかぎりでのインパクトなんですね。それぞれの方法を持った人たちが取り上げてうまく行った事例、本で読む限り、確かに見事なものです。でも、実際の現場ではうまく行かない。この辺が私の不信の理由なんですね。

どうも心理療法というのは「物語」になっているんじゃないか。例えば精神分析というのは不思議なものだとかねがね思っていたのですが、精神分析というものは、つまりは一つの「物語」を押しつけているだけではないかという気がするんですね。言い方を変えるとそれは宗教のようなもので、宗教が人を救うという意味で、心理療法も人を救うかもしれないけれども、それは本当に精神医療なのだろうか。何かを良くしたことになるのだろうか。本人はそれでいいかもしれない。けれども、たとえばオウム真理教に入って、私の悩みは解決しましたよ、と言っているそのことと、精神医療の間にどれくらい隔たりがあるのか、ということですね。その辺の問題についてはいかがですか。

佐藤　滝川さんに答えていただく前に、いまの夏木さんは、精神医療は一つの「物語」なのではないかと否定的な意味で言われたけれども、心を病むということは、ある関係の中で一つの物語を紡ぐことができなくなってしまうということなのではないか。つまり精神療法とか精神分析というものは、押しつけかどうかは別として、自分が自分の物語を取り戻して行く一つのきっかけを提示して行くのではないか。人間の心というのは、無数の物語でできている、物語によって支えられているという、その辺も合わせてお答えいただければと思います。

滝川　大きな問題で、お答えするには土台から石を積むように筋道を立てていかねばなりませんね。ご紹介にあった論文「精神療法とはなにか」で、いちおう私なりに積み上げた論をしておりますので、お読みいただけたら嬉しいです。

ただそこでは「物語」という切り口からは考えていません。うーん、夏木さんが言われたのは精神分析の理論、ひいては心理療法の諸理論なんてフィクショナルな物語、オハナシにすぎないのでは、という疑問ですね。佐藤さんは、個人の精神生活というのは、物語を自ら紬ぎ上げたり他者と共有することで支えられているんであって、物語なしには人は生きられぬのでは、ということですね。

そこで佐藤さんは、精神生活の危機や失調とは、生きる支えの物語の破綻や解体にほかならず、だから心理療法とは、その個人の物語の再構築や修復の手助けではないのか、と言われたのだと思います。このイメージは、わかりやすいですね。心理療法の諸流派の差異とは、どんな物語をモデルとして新たな修復を目指すかの違いとする見方もできそうです。古典的な精神分析は大掛かりで凝りに凝ったプロットの物語モデルで行きますし、近年は文学でも大小説は読まれない時代ですから、心理療法も軽いノリの小物語や挿話みたいな物語モデルでいく方法が出てきたというように。悲劇仕立てでいけば、アダルトチルドレンでしょうか。

夏木さんの疑問に戻りますと、自然科学の学説もひとつの説明の物語ですよね。宇宙の説明でいえば、昔は天動説という物語が支配し、それが地動説の物語になりかわり、ビッグバン理論になるとそれこそ「壮大な物語」なのかどうか、シロウトの私にはわかりません。でも、確かなものとして共有される物語と、オハナシとして否定される物語とがありますね。天動説は昔は前者で、いまは後者ですよね。この差なんですが、小説なら面白いか面白くないかが勝負ですけど、学説的な物語は経験事実と矛盾しないか、説明の体系として論理的整合性があるかが勝負でしょう。天動説だって迷妄的に信じられたんじゃなくて、地面から振り落とされないといった経験事実や天体の動きをそれなりに整合的に説明したプトレマイオスの体系があったから、信じられてきたんだと思います。

で、夏木さんの疑いは、だって治らないよ、ロジャーズを現場でやってもうまくいかないよという経験事実に基づいたものですね。そうだろうなあと思います。いくら非指示的アプローチでも、聴くだけで何も言わない精神科医とかカウンセラーは、修業が足りないわけですね。確かにロジャーズの影響で、ひたすらクライアントの話を聴くこと、傾聴ですね、それに受容が強調されますが、実際にはそれだけではだめなんです。

心理療法は、相手のほうが何をどう体験しているかが大事であって、こちらが何かをしている（つもり）かではないんですね。つまり傾聴とか受容とか、治療者自身は理論通りにやっていても、患者さんにそれがどんな体験となっているかはまた別です。一般にカウンセリングや心理療法のテキストは、治療者が何をすべきか、何をしてはならないかを教えるものです。相手がそれをどう体験しているのかはもっと個別的で、人さまざまですが、こちらはお留守になりがちです。ロジャーズの教え通りに傾聴しているとか、精神分析の手法に則って適切に解釈をしているとか、つまり心理療法をしているといっても、こちらの思い入れで、患者さんにはちっともそうではない場合がたくさんあり得ます。でも、そういうことは本には書かれていないですね。本で読んだインパクトと体験事実の落差には、そういう問題があるかもしれません。多少とももの役に立つのは患者さんの側からの心理療法で、患者さんのほうの体験をやりとりして繰り込む努力が大事ですね。

由紀　ちょっと話を戻していいですか。先ほどの夏木さんと佐藤さんのやり取りを聞いていて思ったことですが、確かに人間というのはみんな物語を持っていますね。私が周りに対して見ている見方と、周りが私を見ている見方とは、必ず少しずれますね。こうやって普通に話していられる分にはずれていても困らないわけですが、決定的に離れてどうしようもない、関わりが持てなくなってしまう、そうなるとまずいので、両者を含むより大きな「物語」を作る。それが心理療法とか、精神分析に対する私のイメージなのですね。

「やりとり」としての心理療法

由紀　それで私の疑問は、ロジャーズ法であれなんであれ、患者やクライアントがそこに訪ねて行くことが前提になっているわけです。ということは、いくら回りが困っても、本人が行きたくないというときにはどうすればよいのか。何回かそういう質問をしたことがあったのですが、なかなかはかばかしい答えがえられないんです。その辺は実際問題としてどうなんでしょうか。

滝川　どんな技術でも限界はあるわけですね。いまのお話は心理療法のもっている限界です。例えば薬物療法であれば、相手が泣いて嫌がってでも注射すれば、それなりに効きます。フィジカルな治療法には一方的に影響力を行使できるところがあります（でも、それは問題だよねというのがインフォームドコンセントの思想ですが）。ところがサイコロジカルな治療は、一方的な行使では効かないわけですね。多くの心理療法がやりとりを手段としている点でもわかるように、双方向的な共同作業が必要なわけで、そこが限界です。

そこを無理に突破しようとすると、一種の力づくの心理療法になってしまい、極端になれば、戸塚ヨットスクールみたいになります。限界の「突破」によって、場合によっては画期的な成果も上がるかもしれませんが、そこにはリスクもたくさんあって、むしろリスクのほうが大きいと私は思いますね。心理療法というのは共同の作業であり、それによってはじめて成り立つ方法なのです。

由紀　本人が行きたくないと言ってしまえば、それまでなわけですね。

滝川　それまでですね。

夏木　それでも無理に、となると、宗教とどれくらい違うのかということになりますよね。

滝川　そこから先は洗脳のようになってしまいますね。それは止めたほうがいいわけです。

価値判断と折衷するということ

宗近　ぼくの考えでは心理学の可能性と限界は、価値判断しないということにあると思うんです。心理学と哲学の違いについてメルロ＝ポンティなんかは、心理学がこころの動きの形式だとすると、その内容が哲学であるといってるんですね。例えばドストエフスキイの『罪と罰』のなかでラスコリイニコフがお婆さんを殺すのですが、そのことを心理学的に分析し、説明することもできますし、モラルの問題として徹底的に追求することもできますね。ただ、心理学的にのみ行為や出来事のコンテクストが淡々と語られてしまうと、まったく面白くなくなってしまうという面があるわけです。

けれども一方的に善悪という点についてだけ述べられると、それはそれで語り手の主観性に食傷してしまうところがあって、そこの折り合いの難しさがあるんですね。心理学というのは、彼の心の追い詰められ方、心理機制を価値判断せずに論じて行く、そういうものだと思うんです。それを治療という場面に持って行ったのが、サイコセラピーですね。

でも片や、患者という存在はどこかで価値判断を求めている。ぼくも一時期、木村敏に凝ったことがあるのですが、たしか『異常の構造』だったと思うのですが、そのなかで共通感覚という言葉を出していたと思うんです。共通感覚というのは、常識や規範ではない。しかし我々が生きている中で、どうしてもこの人のやっていることはおかしいと感じる、その理由を規定することは難しいんだけれど、生きられる時空間のコンテクストで共有しうる感覚がある。そこから異常、正常というものが分けられる。

つまりサイコセラピーの場合、その共通感覚を回復するというんでしょうか、そうぼくは考えているわけです。ただ共通感覚というものは特定できないし、セラピストのほうも定義しない。具体的な対話の積み重ねのなかでやろうとしますから結果が見えない。その難しさがあるんじゃないか。社会がこんなふうに複雑になり、規範が壊れてくると、ますますそれは特定しにくい。そこからも、心理学の限界のようなものが感じられてくるのではないか。ですから、セラピーの過程のどこかで多少なりとも価値判断をいれてもいいんじゃないかという気がぼくにはするんですが。

滝川　心理療法とは、ものすごい価値判断の世界なのです。そもそも、なぜこんなふうにいろいろな流派や○○療法というものがあるのかというと、人間の価値観や人間観がいろいろあるからなんですね。

夏木　各流派ごとに、そういう価値判断がありますね。一般的にいって、各流派は自分の価値観は疑っていないだろう。滝川さんはそのことに対して、非常に懐疑的であり、不信を持たれているわけですね。そしていろいろな価値観を認めた上で治療されているわけで、信用がおけると言いますか（笑）、すばらしいと思うんですね。ただ一般的にいって、各流派の治療者は自分の信じる療法を行ない、うまく行くこともかなりあるでしょうが、うまく行かなかった場合もかなりあるはずです。そのときその「失敗」は、その治療者の視野にきちんと入っているんでしょうか。

先ほど、相手に何が起きているのかが大事だというお話があったのですが、それを知りたいという動機が精神科医のほうに存在しているのかどうかが、私には疑問なのですね。精神科医のほうは、自分が信じている物語を紡いでいるわけです。つまり自分が見たいのは、自分が信じている物語によって相手が治る姿であって、相手が困っていることそのものではないのではないか。相手が困っているからどうしましょうかではなく、自分の物語にしか関心がないといいますか、自分の党派的な考えに凝り固まっている人が多い、そんな気がするわけですが。

滝川　むしろ日本のほうが党派性は少ないだろうという気がします。ある党派のプロパーであるよりも、比較的折衷的で、常識の線でケアをする、という人のほうが現場には多いだろうと思います。○○療法研究所の先生ですとか、大学の専門的研究者とかは別として。

宗近　流派や人間観が多様なのはよくわかるんです。ただ、それは基本的に説明原理の違いであって、どんな療法でもモラリティを介入させることはほとんどないと思うんですが。

佐藤　日本の文化風土として、イタコの口寄せというものがありますね。大掛かりな例ですと恐山の大祭のときに集まってきて、口寄せをしていますし、かつては津軽や秋田の北辺にも点在していました。あるいはまた小さな宗教というんでしょうか。街のちょっとしたところに拝み屋さんがいたりする。そういう存在が庶民のメンタルケアをしてきたという風土があった。宗教としてもラディカルではないし、現世利益をうたい、折衷主義的で、常識をあまり超えない、そういう宗教ですね。日本における精神療法に折衷主義が多いだろうという今のお話は、そうした風土を下敷きにしたものなのだと考えるべきなのか、あるいは精神療法というきわめて実践的要請を必要とされる理論が一般的にもつ傾向であるという点に比重を置いて考えたほうがいいのか。教育実践でもそうだと思うのですが、様々な学習理論があり、実践の技法がありますが、多くの教員たちは意識的にもしくは無意識にいろいろなものを取りこみながら実践していますね。

滝川　いろいろな精神療法がありますが、一つは、ある精神療法がこの社会の中でどのくらい受け入れられるかは、この社会ではどんな価値観や人間観が一般的かの関数だといえると思います。先ほど精神療法は価値観の問題だといいましたが、例えばある療法は治療効果が八〇パーセントあり、別の療法は六〇パーセントだとします。身体療法であれば、誰でも八〇パーセントのほうを選びますね。患者さんもそうですし、医者のほうも乗り換えるだろうと思うんですね。ところが心理療法の世界では、それはあまり起こらない。

どうしてかといいますと、習い覚えた技術を捨てて新しいものを習得し直すのは大変だという事情もあるかもしれませんが、それだけではないですね。心理療法とは人との関わりですから、その関わる方法が自分が持っている対人関係についての価値観や人間観とまったく合わなければ、たとえ治療効果が高いといわれていても、それを選ぶ気にはならないと思うんですね。無理に学んでも身につかないし、うまくいかないと思います。ある治療技法を、ある治療者が自分の方法として受け入れて習熟できるかどうかは、技法のバックにある人間観とその人が抱く人間観とが矛盾しないことが条件なんです。患者さんにも似たことが言えて、自分のそれに合っていない療法だとなかなか治らないですし、だいたいが長つづきしませんよね。

ある治療技法がどれくらい一般化するかは、その社会でどんな人間理解や価値観が一般的であるかによると言えます。わが国では折衷主義が多いのは、佐藤さんの言われたとおり、それが日本の精神風土に合っているためかもしれません。それから、宗近さんの「モラリティを介入させることがない（もうちょっと介入させても）」という問題ですね。心理療法の多くは「治療者の中立性」「中立的態度」を戒律としています。逆説めきますが、これが心理療法みずからのモラリティで、心理療法が根は価値判断の世界なだけに、その不用意な押しつけとなるべからずという倫理なり規範を要するのでしょう。また、少数ながら、独自のモラリティを前面に出す心理療法もあります。

由紀　いまのお話は教員にも当てはまりますね。自分の人間性や教育観に合わないやり方は、なかなか受け入れられないですね。ですからなかなか科学にはならないんですね。

ロジャーズ的技法の意義

由紀　それで先ほどロジャーズへの疑問を話したのですが、とどのつまり指示しないといいながら、指示しているじゃないかということが、私の根本的な疑問なんですね。言葉では指示しなくても、態度、視線などから多くのものが伝わるはずなんですね。ですからそのことにいかに自覚的であるかどうかが大事だと思うんですね。

滝川　まったく指示が必要なかったら、壁に向かって話してもらえばいいわけですからね。ただ、ロジャーズが登場したとき、アメリカでは精神分析が全盛だったのです。そこでは、指示し、解釈し、積極的に操作介入するのが主流的な方法だったわけです。患者さんとも精神分析用語で話すなど、ある意味では精神分析的な洗脳とすら呼んでよいほどの面が、当時の精神分析にはありました。

そういう治療文化に対して、ロジャーズはカウンターステアを切ったということですね。精神分析へのアンチテーゼとして出てきたという背景があるんです。だからこそ非常にインパクトをもたらし、従来の精神分析に疑問を持ったり、飽き足りなかったり、よくならなかった人々に対して、大きな力をもちえたのです。そういう背景を踏まえてはじめてロジャーズの方法が理解できるのでして、形だけ日本に移植しても、うまくいかなくて当然ですね。

由紀　ロジャーズ方式を学んだ人たちが、気持ちは受容して、事実は受容しないということを、よく言うわけです。

滝川さんも例として出されていましたが、「ぼくは自殺したいんです」と患者が言う、すると「ああそうですか、あなたは自殺したいんですね」と医者が応えるわけです。つまり自殺したいという患者の気持ちは受容するけれども、自殺という事実は否定する、そういうことですね。これがロジャーズ方式だといわれているわけですが、私は、よく考えるとインチキなんじゃねえかっていう気がしてしようがないんですよ。たんに受け流しているだけなんじゃないですか（笑）。

佐藤　それこそ、そこに技術の妙があるんじゃないですか。

由紀　技術といったって、受け流す技術じゃないですか（笑）。

佐藤　いやいや、それが受け流しているだけだと受け取られるか、そうではなく、この人こそ私の理解者だというようなある一定の心理的効果をもたらすか、そこには歴然たる差があって、その差をもたらすものこそ治療者の技術なんじゃないですか。教師の場合だって、そうじゃないかな。

夏木　そういうやり方が一定の効果をもたらすことがある、というのがロジャーズの考えで、いま滝川さんが言われたように、特殊なやり方だけに偏っている場合にその対極の方法を示すということは大事なことですよね。いいものは必ず中間にあるわけですから、問題は、そこをしっかり見きわめることができる人ばかりではないということですね。ただ、精神分析について言えば、この技法が本当に有効といえるものなのかどうか、どうしても疑問が残るのですよ。すぐれた治療者であれば、精神分析の方法であっても、普通の相談の範囲で自然に出てくるものがあって、結果として役に立っているように見えるということはあり得るとは思うんです。その点、いかがですか。

滝川　我々がよく言うのは、技法というのは治療者のお守りみたいなもので（笑）、治療者が安心して治療するための一つの道路マップみたいなものなんですよ。まったくマップのない、出たとこ勝負、というのは治療者にとっても不安ですね。そういうことだろうと思うんですね。

夏木　なるほど。そういわれれば、そうですね。

宗近　人間には自己修復能力というものがありますから、患者のいうことを反復して応答する場合でも、その修復力をうまく引き出すためのリードタイムを作ればよいということでしょうか。それで例えば精神分析の場合でしたら、ある抑圧されている病根があり、それは意識されていない、あるいは思い出すことができない。治療者はその抑圧されたものをセラピーの過程で発見し、これは過去にあったこういう事件が傷になっているとカムアウトさせて、それを平明な日常の時間の言葉に置きなおし、解消していく。その処方にフロイトの理論がビルドインされていると思うのですが、ともに体験をし、時間をともにするというロジャーズの方法には、フロイトの記述心理学以外にそれをバックアップする理論、学は何かあるんですか。

滝川　ロジャーズは精神分析的な訓練も受けた人ですね。ロジャーズの場合を想像するに、患者さんに解釈を与えるわけでなくても、話を聴きながら彼の頭の中ではいろいろな連想が動いていると思うんです。その連想に沿って相づちを打っていますから、相づちのトーンがおのずといろいろな響きをもつことになりますね。由紀さんが言われたように、結果的に指示していることにもなるわけです。ロジャーズは受け身一方ではなくて、働きかけをしているに違いないと思います。

精神分析以外にバックアップする学が何かあるかですが、ロジャーズは最初は牧師をめざして神学を修めた人だそうです。真摯な傾聴という方法的態度にはキリスト教の告解などと共通項があるのかもと、これはまったく思いつきにすぎませんが。

鈴木　我々も塾をやりながら、日常的に同じことをしているんだなという印象を持って聞いていたのですが、ときにはロジャーズ的に接したり、ときには別の方法をとったりしているわけですね。それでいかにたくさんのマップを持っているか。マップというものは経験の積み重ねと理論、学とで作られていくものだと考えていいですね。

滝川　経験からマップが手直しされていくものだと言うことですね。

由紀　今も茨城県では行なわれていますが、実際の面談のテープを持って行って、研修を受けるんですよ。そして、ここはもっと受容的にとか、ここではこんな言葉ではっきり応答するようとか言われるわけですね。

「精神科医としての打率は二割八分です」

由紀　で、役に立つかどうかというと、自分で自分を反省しますから、その意味では役に立っているんでしょうね。でも、やるときはまったくの出たとこ勝負で、謙虚に反省すると、私の場合五勝五敗というわけにはいかなくて、一勝九敗くらいですね。先生の場合、どんなもんですか（笑）。

滝川　打率二割八分くらいではないでしょうか（笑）。プロ野球でも三割を打てば押しも押されもせぬレギュラーですね。逆に言えば、レギュラーバッターとは言え、六、七割は凡打なわけで、心理療法もそんなものですよ。じゃあ無意味かというとそうではなくて、三割バッターがチャンスに三振したり、逆に二割バッターがホームランを打つこともありながら、シーズンを通してみれば、二割八分のバッターと三割二分のバッターとでは大変な差で、どちらが四番に座っているかでチーム成績に大きな違いが出るわけです。心理療法家のトレーニングというのは九割十割をめざすものではなく、二割五分をせめて二割八分に、二割八分だったら三割に、というところにプロの努力があるわけです。ボーンヘッドやエラーはなくしていくとか。

夏木　滝川先生が二割八分だとすると、他の方は二割そこそこくらいですか（笑）。

滝川　いやいや、他の方はどうかわかりません（笑）。

夏木　でもなかなか三割はいかないということですか。

滝川　三割は難しいでしょうね。

夏木　でもそれを聞くと、私なんかは安心しますね。

由紀　私も安心します。

夏木　さっきのロジャーズの件でも、教師はカウンセリングマインドを持たねばならないという教条の世界といいますか、そういう言語の世界になっていて、評価されすぎていますね。それがなくて、いや三割で十分なんだよ、ということであれば、それは価値のあることだし、不信感を持たなくてもすみますね。この打率三割の話はぜひ滝川さんに宣伝していただけるといい、と思いますが（笑）。

滝川　本に書いてあることは、プロ野球ハイライトみたいなものなんですよ（笑）。

司会　プロ野球の場合は試合があり、そしてハイライトがあるということがわかっている。ところが精神療法の場合は、本に書いてあることがすべてだと、我々は思ってしまうところはありますね。このあと第二部ということで、塾、あるいは学校で実際に子どもたちに接しているという観点から、心理療法との接点のようなことに話題を移したいと思いますが、その前に、他に何か質問はありませんか。

夏木　先ほどの物語の話なのですが、まだすっきりしないものが残っているのですね。まあ物語ですから、本当と呼ぼうが嘘と呼ぼうがいずれ物語なわけで、それで患者が納得すればいいのかなとも思うのですが、滝川さんの考えをもう少し話していただけませんか。

滝川　いろいろなケースがあると思いますが、一つは物語的傾向の強いといいますか、ある物語を比較的強く出して、それに患者さんを入れてゆく傾向の治療者がいます。その逆の治療者もいます（たぶんわたしはこちら）。それに患者さんがみずから作り出していくこともありますね。それをサポートしたり、あまり変なときにはそっと修正したりしますね。いずれにしても、まったく物語なしでは生きられないわけです。ああ、これは佐藤さんがおっしゃった意味での「物語」ですね。

夏木さんがすっきりしないのは、たとえば精神分析理論なる説明の物語が、はたしていかがなものかの疑問でしょう。確かにすっきりしませんね。物語としては天動説にすぎぬかどうか。こういってみたらどうでしょうか。天動説だってまるでオハナシではなく、それなりの経験事実と論理的根拠をもった物語で、星を観測しつつ航海する上でプトレマイオスは十分に有効で実践的だったですね。地動説も、プトレマイオスの物語を丁寧に再読し、発見された矛盾点を説明し直すという、物語の改訂として登場したわけでしょう。精神分析学も、こうした天動説くらいの重みは十分あろうかと思っています。どんな新しい物語へと改訂されていくかは、まだ途上ですが。中井久夫さんが精神医学背景史で「フロイトはいまだ歴史に属さない」と書いておられましたが、そういうことかもしれません。

教育現場とカウンセリング

司会　これから第二部ということになりますが、これまでの話では、ぼくたちが普段感じていた疑問が出され、それに対する回答もいただいたと思います。第二部では現場で教えているときに、相談を受けたりする場合がときにあるわけですが、それを具体例としてあげながら滝川さんのお話を伺っていきたいと思います。じゃあどなたか。

由紀　私の場合こういう例がありました。ある一人の生徒が、突然、もう教室には入りたくない、夏休みをすぎたあたりからクラスのみんなに悪口をいわれていて、もうとても耐えられないというのですね。その日はそれで帰したんです。それで、その子と同じグループの生徒に聞いてみたんですね。彼はそう言っているが本当かと。すると、いや、ぼくたちはまったく知りません。誰かが彼の悪口を言っているのも聞いたことがありません、そういう返事なのですね。それで、その仲間の二人をつれて家庭訪問をしたんですよ。向こうは両親と本人がいて、その前で話をさせたんです。

するとそのお父さんが、君たちの言っていることと本人が言っていることはまったく違っている。もし君たちの言っていることが正しいならば、もうおまえはだめだと、そういう言い方を彼にしたんですね。ちょっとマズイなと私は思ったんです。つまり彼の言っていることは事実ではないかもしれませんが、嘘でもないわけです。そう思いこんでいるわけですからね。そのうち友達のほうも、そんなに信用できないのかと、怒ってきたんですね。お母さんのほうは本人のいうことを信じていて、私もだんだんとイラツイてきたんですよ。それでつい腹立ちまぎれに、それは傲慢ではないか、朝から晩までおまえの悪口をみんなが言っているということは、朝から晩までみんながおまえのことを気にかけていることで、そんなことはあるはずがないだろうと。

それでそのときはそれで終わり、私は知り合いのスクールカウンセラーに、施設を三つほど推薦してもらって家に電話をしたんです。そのときはお母さんが出て、ありがとうございますといって、切ったんですよ。ところが次の次の日くらいに、学年主任に電話があって、お父さんがすごく怒っていたと言うんですよ。あの教師は全然息子のことを信じていないというわけですね。私はどうしようもなくて、それからは連絡をしませんでした。彼は結局、学校をやめました。やめて、大検のある塾へ行っているようですね。そのあといろいろクラスの子の話を聞いてみたのですが、女子四割、男子六割の学校なんですが、女子生徒の間で、少しあの子はエロいという話が出たということですけれどね。妙に人懐っこい子で、先生、いいエロ本があったら頂戴というんで、その辺で売っているヌード写真集を上げたことがあるんですけれどね（笑）。

それで思いこむ、ということですね。朝から晩までということは、百パーセントないとは思いますが、それは考え過ぎなのではないかというようには、自分では考えないのですね。自分と向き合うことを拒否しているのか、親の手前出さないのか、そこはわかりません。まあ私の失敗談ということで、滝川先生、いかがでしょうか。なにか私自身のカウンセリングのようなことになっていますが（笑）。

滝川　スーパーバイズをするわけですね（笑）。まず、悪口の内容とか、シチュエーションを具体的に聞く必要がありますね。

佐藤　関係妄想の気質を多分に持っている子なんだと考えていいですか。

滝川　精神医学的に言えば、いろんな可能性を頭に浮かべて、どれなんだろうと考えていくわけですが、ありそうな可能性をいえば、ひょっとしたら幻聴があるのかも、あるいは他の生徒に対して過剰に被害的になっているのかもしれません。「朝から晩まで」というのはものの喩えで、なにか同級生とうまくいかず、一日の学校生活が辛くて仕方ないという意味でしょうか。「みんな」というのも字義通り全員なのか。そんなに多くはなかったにせよ、実際にどこかで言われた可能性も、一応は考えには入れておかなければなりませんね。

そんなことを頭に入れて、いつどんなときに悪口を言われるのか、少しずつ訊いていくということですね。面前ではっきり言われるのか、むこうのほうで言われたのが耳に入るのか、内容まで聞き取れたのか、ただ雰囲気的に悪口と察せられるのか。自分の頭の中で悪口が聞こえているという場合もありますね。

由紀さんは、いきなり対決をしたわけですが、ちょっと早かったかな、という感じですね。いま言ったようなことにある程度あたりをつけながら、控えめに事実とのつきあわせをしていったほうが納得されやすかったかもしれません。同級生からは、これは変なやつだとなりますし、そのまなざしに対してかえって自分の確信に固執してしまうことも多いですね。彼の場合、不安なり劣等意識が大きいということがありそうですね（「エロい」などの風評と関係しているかも）。

夏木　そういう例は、ぼくの学校でもありますね。悪口を言われている、でもいろいろ調べてみても、そんなことはないというケースですね。これは本当のところはわからないですけれどね。学校としては、本人がそう受けとっているようだけれども、というようなとりあえずの結論を出すしかないわけですが、親には、それはまず納得してもらえなくて、こじれてしまいますね。親のほうは、これは子どもの精神のある問題が解決すれば、その問題も解決するんだとは理解しないで、学校が自分の子の問題を理解せず、隠しているとかやる気がないと解釈する場合が多く、なかなか解決の糸口を探すのが難しいですね。

司会　それは本人が、先生のほうに相談に行くんですか。

夏木　ケースバイケースですが、休み始めたので、どうしたんだと聞いて、そういう問題が出てくるということが多いですね。場合によっては、学校をやめたくてそう言っているのでは、と想像されるケースもありますね。これも憶測ですから、公にはしませんけれどね。親子の関係の問題がすごく大きくて、子どもの問題だけでは解決しないと感じることが結構ありますね。

由紀　まったくそうなんで、これを強調しすぎると逃げ口上になってしまうかもしれませんが、親のほうも教師の言い分を百パーセント信じてくれとは決して言いませんが、それなりに冷静に、少しは子どもにも問題があるのではないかと考えてくれるとずいぶん違いますね。

塾の役割

司会　もしいまの由紀さんと夏木さんの話が一般的なものだとすれば、学校の先生にする相談と、ぼくらにする相談は違うんですね。

鈴木　ぼくも今それを感じていたんです。

司会　まず、相談も何もなく遊びにくるわけですね。何となく話が終わって、帰るときになって、ああ、すっきりしたといって帰って行くんですよ。あれ、なんか相談されていたのかな、という感じなんですね。どこが違うんだろう、という点がちょっと気にはなったんですね。ぼくらの、あすっきりした、というのは滝川さんたちのカウンセリングでいうのと、どこが違っていて、どこが重なるのか、ということですね。シロウトが下手なカウンセリングをするのは、あぶないよということになるのか、ですね。受験の相談にしてもそうで、カウンセリングをしているような気になるときがありますね。

滝川　カウンセリングなのか相談なのか雑談なのか、こちらには気になるところでしょうが、それこそあいてがどう体験しているかで、子どものほうは、これからカウンセリングに行くぞ、とか相談に行くぞとはあまり思っていないと思うんですね。もちろん、さあこれからカウンセリングをしますよとか、心理療法をしますといって始めるやり方もあります。でも、私たちでも、ただ来てもらっていることが多いですね。

鈴木　さっきの学校と塾の違いということですが、ぼくの場合だけで言えば、子どものほうは、人間関係も、何をどう考えているかも、わかられているという意識があるようですね。学校はもっと多くの時間をその子と接しているはずですが、そういう意識は持っていないみたいで、また持てないようですね。ぼくの所は十人程度ですから、人数の違いもあるでしょうが、悪口を言われているという由紀さんの例にしても、ぼくのところでは誰と誰がどうなのか、だいたいわかっているわけですね。

いまぼくのところに教育実習の最中の女の子が毎日来ているんですね。来てどうということもなく、いろんなことを話していて、ぼくらは聞いているだけなんですが、滝川さんが言われたように、そこには区別はないんでしょうね。そうすることが本人にとっていいから、そうしているだけなんでしょうね。

池見　ただ学校と違うことがあって、学校で言ったときには、先生がどう動くかまで見る、ということがあるじゃないですか。ぼくらに学校でひどい目にあっているということを喋ったとしても、じゃあ学校に行ってなんかしてくれという気は、ほとんどないでしょ。辛いということだけを言いたいわけです。ところが学校の先生にそれを言ったときは、解決を求めているわけだし、聞いた教師のほうも、聞いてあげるぞ、だけでは済まないところがありますね。それは教師個人がどうというよりも、学校という場が要求してくる、というところがありますね。

夏木　学校では、向こうから相談を持ちかけてくる子を相手にすることはめったになくて、むしろ逆に行動における問題を抱えた子に対して、無理にでも話をするというケースがほとんどですからね。全体を相手にするか、個人を相手にするかという差も大きいですね。

スクールカウンセラーについて

佐藤　スクールカウンセラーという存在が、いま学校に導入されつつありますね。ぼくはかえって問題をこじらすためにいるみたいな気がしているんですが、いかがですか。いまの池見さんの話につなげれば、問題があったときそれを〝解決〟することが前提とされていて、解決をまっしぐらに求めて行く、そのへんの危うさといいますか、問題解決にあたっての公式性と言いますか、そんな印象を持つんですがどうでしょう。子どもたちのほうも、解決してくれる、とどこまで信頼しているか。

由紀　教育相談という言葉が昔はあって、その大家といわれていた人が、のちに校長になって来ることがあるんですよ。するとこの人のどこにカウンセリングマインドがあるんだと疑いますよ。人の話はまず聞かないですしね（笑）。佐藤さんが言われたように、学校のなかでそんなことが成り立つなんて、私にもまず信じられないですね。

鈴木　ぼくが知っている学校のスクールカウンセラーは、「さわやか相談員」というんですよ（笑）。生徒に評判がいい相談員は、教師には非常に評判が悪いんですよ。なぜかというと、ほうれんそう、つまり報告、連絡、相談ですね、それをいっさいしない。ですから組織として機能しないというんですね。よくそういう矛盾が現れる制度を取り入れたなという気が、ぼくもしますね。

夏木　学校にカウンセラーがいたらいいだろうくらいの一行で、なんのポリシーもなく、ただ予算化だけされているわけですからね。なにをしたらよいのか、どんな立場なのか、教員との関係はどうなっているのか。そういう議論はいっさいなしで、ただやっているわけです。ですから学校ごとにいろいろですし、教員は教員で不信を持ち、カウンセラーはカウンセラーで不信をもっているわけです。結局、いかにも教育行政らしい、と言いますか、行政の貧困以外なにものでもない産物ですね。

カウンセリングが必要であったとしても、それを学校という組織にくっつける必要はないわけです。もともとは、保健室登校が増え、養護教諭の存在がクローズアップされ、あまりにも負担が大きくなっているというのが出発点なんですね。

鈴木　滝川さんにお伺いしたいんですが、さっきも言いましたように、どうもぼくらもどこかでカウンセリングのような役をしているらしいのですね。そのときにマップを持っていないぼくらが、これはしてはいけないというようなことがあったら教えていただきたいのですが。

滝川　いや、皆さんマップを持っておられるでしょう。日常の中で相談を受ける場合があるわけでしょ。そのときに自分なりのマップで応えておられるはずですね。

鈴木　でも、マップと体験とは違いませんか。

佐藤　例えば誰か生徒さんが話しにこられた。そのときに、きょうは少し説教しても大丈夫だとか、きょうは聞くだけのほうがいいとか、ちょっと励ましたほうがいい、そういう判断をそれなりにもって接しているはずだ。滝川さんがおっしゃっているのはそういうことですね。

滝川　このときはこういうもんだ、このときはこうだということですね。

佐藤　ですから塾の先生がいいのは、きょうはカウンセリングだとか相談だとかという、裃を着ないからいいんじゃないですか。

池見　ぼくがつきあっている子は、カウンセリングを受けてからぼくのところに来てさんざんその話をして、それから帰るんですよ。つまりぼくと話しているのは、カウンセリングではないわけです。だから良いカウンセラーを探しまわり、三十分五千円とか一万円を払ってカウンセリングを受け、そしてぼくのところに来て二時間三時間その話をして、安心して帰るわけですよ（笑）。彼は自分には特別なケアが必要だと思っているから、池見さん、良いカウンセラーを知りませんか、と聞くんですよ。自分で病院を探しまわったりね。

佐藤　むしろ池見さんがお金をいただいたほうがいい（笑）。

鈴木　ぼくの知っている子はいろいろなところに通っているんですよ。あそこのカウンセラーはこういった、ここの精神科医はこういった、別のここはこうだ、というんですね。そして最後に、どの意見が良いと思いますかね、とぼくに訊くんですよ（笑）。

滝川　それは気持ちよく話せるというか、一番自分と息の合うカウンセラーを選べばいいんですよ。さっき打率二割八分だというお話をしましたけれど、それでも試合が成立するのは一人でやっているからじゃないためですね。セラピスト一人が、ある人間の悩みのすべてを引き受けられるわけはないですね。せいぜい週一回、一時間くらい会うだけで、たかが知れてますでしょ。子どもの周りには家族とか友達とか先生とか、池見さんや鈴木さんみたいな方々とか、いっぱい人がいるわけで、そうした全体に試合が支えられているのです。その全体から見れば、セラピストとの関係などたかが知れているんですが、でも意味がありうるとしたら、人生にはたかが知れた体験が案外に重要なこともあるからでしょうね。私たちのところにくる子どもは、家族と息が合わなかったり、友だちと息が合わなかったりの悩みが多くて、どこかに少しは息の合う相手がいたほうがいいですからね。

セラピストと患者

由紀　精神科のお医者さんの場合、患者さんと危ない関係になると言うことはないんですか。よく患者に同調してしまうといわれますよね。

滝川　教師と生徒のほうが危ないんじゃないですか（笑）。

由紀　いやおっしゃるとおり、いま、教師と生徒はとても危ないですね。最近の女子高生は、ごく一部ですが、かなりスケベですし、私なんかこんなに腹が出て、四十四にもなっていますからもう終わりだと思っているのですが、中にはときどき、ほんとに変わり者もいるんですよ。

佐藤　由紀さん、何を言いたいんですか（爆笑）。

由紀　いやいや、職業的に、ここからは踏み込んではいけないというところがありますよね、ということなんですよ、私が言いたいのは（笑）。

滝川　医療も心理療法も、一応、近代的な職業技術とされていますね。近代的テクノラートの特質は、あくまでも専門技術をサービスするのであって、そこにはパーソナルな要素は抽象されるものですね。これは抽象的な関係です。これに対して、学校や塾の先生は、日常の生活圏の中での、もっと生身の関わりにおいて相談ごとを受けておられますね。だいたいの世の相談はそうした日常的な関係でなされ、それで済まないときだけ私たちとの関係が求められるわけです。抽象的とは、治療者の生身の日常性やパーソナリティを、関係に極力もちこまないということですね。「治療者の中立性」の戒律には、抽象性を維持せよの意味もあるでしょうね。なぜそれが重視されるかは、言うまでもなく、「危ない関係」の発生を避けるためが、ひとつの大きな理由です。

由紀　学校の場合、制度と日常が侵犯しているところがあって、たえず揺れ動いているのですが、精神療法の場合、自分のできることはここまでで、それ以上は積極的には関わらないという線引きがあると思うのですが、それは個人によって違うのでしょうか。

滝川　個人ごとに違いますし、流派によっても違いますが、守るべき枠をもっています。それがなければ、お互いにリスクがとても大きいですね。

医師はなぜ学校批判をするのか

夏木　滝川さんは例えばですが、学校における問題を抱えた子どもが患者としてきた場合、学校には連絡しますか。

滝川　そういうときもありますね。

夏木　もし学校に問題がありそうだと観察されたときには、そのことを改善してくれということは伝えるんですか。

滝川　あまりぼくは「改善」を求めたことはないですね。でも、例えばいじめの相談が出た場合は、診察室だけで解決できる問題ではないですね。学校と相談する必要があると判断すれば、本人に確かめて了承を得、学校と相談しますね。

夏木　そのとき学校の側はどんな反応をしますか。

滝川　それはいろいろですね。

夏木　相談相手は担任なんですか。

滝川　担任の先生と話すのが一番いいですね。

夏木　新聞などに、心理学者や精神科のお医者さんが書かれているのを読むと、学校に批判的な論調が目に付くような気がするんですが、実際はどうなんでしょう。やはり今の学校や教師に不信感を持っている人が多いんですか。

滝川　当然ながら、学校でうまく元気にやっている子どもたちが我々を訪れるのはまれでしょう。私たちは学校でうまくいかなかったりつまずいた子にもっぱら出会う仕事なわけです。そのバイアスに無自覚か、トータルに物事を捉え直さない心理学者や医者が、学校批判に走るのでしょう。そういう人たちばかりが多いかどうかはわかりません。メディアがそういう人たちを選択する面も考えられますから。

司会　はい。では、そろそろ時間ですので、この辺で終わりにしたいと思います。滝川さんも打率三割ということで安心したような気もしますが、多くの人は七割以上の打率だと思っていればこそ、カウンセリングを求めるということもあるわけですので、ある程度の幻想もなければならないのかなと考えたりします。きょうはこの辺で終わりにします。滝川さん、ありがとうございました。

（1999・6・12「天野読書会」における討議を収録させていただきました。世話人の池見恒則氏はじめ、参加各位のご協力に感謝します。）

特集▶2

人生の折り合いと自分語り

「かりいほ」の取り組みから

I　当事者が語る「納得」の世界

「自分語り」がなぜ必要か

石川　恒

「かりいほ」の始まりといま

「かりいほ」の利用者が自分の人生を語る、という取り組みを始め、その経過がありますが、まず「かりいほ」について、最初に、簡単にお話しさせていただきます。「かりいほ」は開設して三五年になります。先代の施設長は東京の特殊学級にずっと勤めていまして、教え子のなかに、学校を出た後に暮らすところがない、行くところがない、そういう生徒がいました。なぜ行くところがないか。警察のお世話になってしまう。そういう人がいたのですね。その彼らの居場所を作ろうというところから始まったのが「かりいほ」です。ですから「かりいほ」は、開設当初から警察のお世話になる人を含め、障害の程度は軽いけれども社会の中に居場所がない、そういう人たちの居場所を作る、というところから始まりました。

開設当初は、三〇人のうちの半分の方は、いま言ったような様々な問題を抱えた人たちでした。あとの半分の方は、法人の関係の人たちのお子さんでした。施設生活を続けているうちに、施設にいる意味がなくなった人たちは施設を出ていきます。地域に戻っていく。開設三五年間で、だいたい一八〇人くらいの人が施設から出ています。国が「地域移行」を言うずっと前から、「かりいほ」では地域移行をやっていました。毎年だいたい三人から五人、多い時には一〇数人、地域生活に移っていく。そんなふうにしてやってきました。

ところが、少しずつ施設を利用する人が変わってきました。最初は知的障害ということで理解できる人たちが中心でした。その頃どういう生活をしていたかというと、「枠」の支援、「枠組み」という言い方を私はしていますが、生活のなかにいろいろな決まり事（枠組み）をつくって、それを守って生活をしていきましょう、そういうなかで自分の生活を組み立て直し、次の生活に移っていきましょう、という取り組みをやっていたのです。職員は施設内に住み込み、密接な関わりをもつ生活をしていました。そうした取り組みの中で多くの人たちが地域生活に戻っていきました。

ところが、そういう取り組みでは支援が難しいという人たちに、だんだん変わっていきました。どういう人たちになったかというと、コミュニケーションが難しい、みんなの中に入っていけない、そのことで生活の難しさを抱えている、いろいろな問題を抱えている、それが犯罪につながってしまう。そういう人たちに変わっていった。激しい虐待を受けてきた人たちも、だんだん増えてきました。そして、今までの「かりいほ」の取り組みでは対応しきれない、という状況になっていったのです。

家庭や地域に居場所がなくなったために「かりいほ」にきた、という人たちですから、「かりいほ」が居場所にならないと、他には居場所がないわけです。支援困難で他の福祉施設から移ってきた人も多数います。そういう意味で、「最後の生き直しの場所だ」とも言われていました。つまり、「かりいほ」の生活の中でいろいろな問題が起きたとしても、「かりいほ」は居場所になり続けないといけない訳です。それが私たちの課題になってきました。じゃあ、本人になんとか変わってもらわないといけない、施設での生活に合わせてもらわないといけないということで、いろいろなことを試みました。

でもはっきり言って、それでは無理なのです。無理だということが分かったのです。じゃあどうするか。私たちのほうが変わればいい訳です。私たちの方が変わる。そこでやったことはこれまでの「枠組み」の支援を変えていくことです。それまで「かりいほ」全体で約束事をつくり、その約束事を守って生活をしようということで、「かりいほ」の生活に適応するための支援をしてきました。それを全体ではなく一人ひとりの個別支援をやろう、約束事の生活ではなく、その人に必要な生活支援を創ろう、そういう方向に変えてきました。

決まり事を「人」に置き換える、そして支援をする職員と本人との関係性そのもので支援していく。そういう方向に、どんどん変えていきました。そうでないと居場所にはならない、居られない、ということです。「枠の支援」から「関係性の支援へ」という言い方で私は言っていますが、本人を変えることから、職員が本人と良好な関係をつくり、職員が本人と環境、社会の間に入って本人を環境、社会につなぐ役割を果たす、そういう支援に変えてきました。

（スライドを指し）あれはログハウスに見えるかもしれませんが、ログハウスではなく、製材屋さんからいただいた木の切れっぱしで建てた家です。他の利用者と同じ建物で生活するのがむずかしい利用者のために職員と本人で作りました。「かりいほ」は三〇数年前に立てた施設ですから、基準は四人部屋ですが、さっき言ったような人との関係をうまく築けない人たちが、四人一緒に生活していくなんて不可能です。職員が必要に応じて板で壁を作って個室化してきました。お金なんかありませんから勝手に変えました。ですから、制度からは外れていきます。届け出ないのです（笑）。そうやって何とかごまかしながらやって来て、国の検査も当然入りますが、正直に報告しても何も言われませんでした。元に戻しなさいとも言われませんでした。黙認です（笑）。制度を変えてくれるといいんですが、このまま通すわけにもいかないので、いま、きちんと個室に変える工事をしています。今年いっぱいで半分終わり、来年度中に三〇人の部屋の工事を終える方向でいます。

そうやって、生活も変えてきました。こういうことをやってくるなかで私が考えるようになったのは、以前、「施設は家の代わりだ」と言われたりしていましたが、またそのことを考えないといけないのではないか、と思うようになりました。「施設は家の代わりにならなければならない」、そうはっきりと言うべきだ。家がもっている機能がうまく働かない。そこでいろいろ面倒なことを抱え込んでしまう。家で生活をすることが難しくなる。地域のなかでのいろいろな福祉サービスを使っても難しい。じゃあどこがそういう人たちの家（居場所）になるのかと言えば、私は施設しかないだろうと思っています。

当事者の語りをなぜ始めたか

ただし、これまでのように施設がすべて抱え込んで、そのなかで、外から見えない形で支援していくのではなく、施設のいろいろな機能を使って外とのかかわりをもつ。家は、その人が自分の人生をつくっていく大本になるところですから、その役割を家ができないのであれば、施設がやればいい。その人の人生をつくっていく場所になればいい。

そういう考え方になってきました。

やっていくなかで、環境を整え、支援する人との関係をつくるという、そういうことだけでは足りないのではないか、と思える人たちがいることに気づいていきました。それが何かというと、これまでのそれぞれの人生のなかで〝抱え込んできているもの〟がある。そのことを本人自身がきちんと整理して、自分自身で、「自分はこれでいいんだ」という思いをもたないと前に進んで行けない。そういう人たちがいるのです。〝抱え込んでいるもの〟を自分自身で整理し、納得し、次に進んでいく必要があるのではないか。

今日は二人の利用者の方に話していただきますが、たとえば、「この人はこういうことで『かりいほ』を利用したい」というように、行政から「入所理由」が上がってきますね。ところが、本人が抱えていることは、本当はそんなことではないんです。違うのです。でもそれは、こちらには分からない。例えば「かりいほ」に来て、暴れまくる。何で暴れまくるかは分からない。そういう思いを、自分で、自分の言葉で、きちんと表に出していくことが大事なのではないか、ということを、いろいろな人との関わりのなかで考えさせられてきました。

今日話していただく二人は、三年前からいろいろなところで話してきました。毎回同じことを話しているのではありません。筋書きはまったくないし、打ち合わせもまったくしていません。どういう話になっていくかは、私も聞いてみないと分からない。それは本人が考えながら、自分の言葉で出してきたものです。その中に支援のヒントがあるんだろうと、私は思っています。こういうことで苦しんできたんだ、ということを、私たちも知らないといけない。しかしなかなかそこまで理解されない。

そして、語っていくことで、本人たちの自信になり、新しく気づくことがある。その繰り返しです。大事なことは、ただ語っているというだけではなく、その中にいろいろな人との関係性があるわけです。語りができる人と人との関係性、というものは、あると思います。誰でも出来るわけではない。そのことも考えていただければ、ありがたいと思います。

きょうは、本当に筋書きはありません。打ち合わせもありません。二人に話していただいた後、東京医科大学の西研先生に話していただきます。西先生との打ち合わせもありません。二人の話を聞いて西先生が何を話してくれるかは、私も興味深々です。

自分自身のことをもう少し言うと、この取り組みのひとつのまとめをしたいと思っています。この方たちにとっての〝語り〟は、語る本人の「生き直し」そのものだということ、そして「生きにくさ」を抱え、うまく社会とつながることがむずかしい人たちに必要な福祉の支援とは何かということを私たちに教えてくれます。

そういう取り組みをどこからはじめるかといえば、目の前にいる方たちから始めるしかないのです。それをどう広げていくかはこれからの課題ですが、こういう取り組みを助成金をもらってやってきましたけれど、法人としてもまだ続けていきたいと思っています。

スタッフを紹介します。飯島さんから自己紹介を、お願いします。

飯島恵子　今日の聞き手をやる飯島といいます。高齢者の施設の運営をしているのですが、「かりいほ」さんとはご縁が深いのか、近いなと感じることがたくさんあります。一〇数年前から「かりいほ」に通って、利用者さんの話を聞く会をもっています。今日は大阪に来ていますが、いつもライブなので、私も、今日彼と彼女が何を話すのか、とても楽しみです。午前、午後と一時間三〇分ずつ話を聞いていただきますが、彼らのペースでお話を聞いていきますので、どうぞお付き合いください。

西研　おはようございます。風邪と花粉症が一緒になってすごい声になっていますが、ご勘弁ください。ぼくは哲学をやっていますが、哲学ばかりをやっていたかというと、二〇代の半ばからは、ある大学のゼミで在日問題を考える会に、二五歳から三〇歳くらいまで混ぜてもらっていました。その時、人の生き難さや苦しみをお互いに理解することや、自分を理解することの大事さとか、そういうことに気づかされたということが自分のなかではとても決定的なことで、そのことと哲学の学びを結びつけたいということをずっと考えてやってきたところがあります。

今回、こういう流れでやりますよ、というくらいの打ち合わせをしただけで、ぼくがどこまでお話をできるのか分かりませんが、とにかく今日は利用者の方の話を一生懸命聴きながら、こういう大事なことがあるのかなと自分が思ったことを、話してみようかと思っています。よろしくお付き合いをお願いします。

佐藤幹夫　おはようございます。私が石川さんと「かりいほ」を初めて知ったのは、二〇〇一年に東京の浅草でレッサーパンダのぬいぐるみを付けた青年が起こした殺人事件があり、その取材のさなかでした。副島弁護士が集会を開き、石川さんがそこにゲストスピーカーとして参加していて、「かりいほ」の取り組みについて語りました。私には、非常に感銘深かったのですが、そのとき石川さんが、「かりいほ」は孤立している、非常に閉塞感が強い、という話をしたことが、私にはとても驚きでしたし、意外でした。

だったら、どこまで力になれるかは分からないけれど、部外の応援団になろうと考え、早速訪ねて、四、五日、お世話になってきました。そこでいろいろと感じたことを書いて本にも入れていますが、そうやってここまで一五年間、石川さんと「かりいほ」とは、付き合いをさせていただきました。そんなわけで、「かりいほ」を舞台にノンフィクションを一本書く、という宿題が一〇年前からあるのですが、いまだ果たせずにいます。今年こそ何とかしてかたちにしたい、という気持ちでいます。

I　当事者が語る「納得」の世界

「かりいほ」当事者▼山田さんの自分語り（仮名・男性・四十代）

［聞き手：飯島恵子］

小学校時代まで

飯島　それでは、「当事者の語り」を始めたいと思います。座りましょうか。今日はどうですか。

山田　相変わらずです。緊張しています。

飯島　椅子が前を向いているので、ちょっとこういう感じに。今日は大阪ですよ。

山田　はい。

飯島　山田さんの物語を、山田さんの言葉でお願いしたいんですけど。

山田　はい。

飯島　結構長い人生なんで、なんとか現在までたどり着きたいなと。さあ、よかったら生まれた辺りからお話し下さい。

山田　えっと、私が生まれた所が○○県の○○市内です。○○と言ってもちょうど山の中で。三歳になるかならないかのうちに一度××のほうに引っ越しまして、物心がつくかつかないかの頃に今度妹が生まれるので、同じ××県内に引っ越して。

飯島　物心がつくかつかないかって言うとおいくつの時？

山田　まだ三歳までの間ですね。

飯島　その頃のこと、何か覚えていることありますか？

山田　その頃ですと、歩けるまでの間は、聞いた話によりますと、物静かでずっと寝ているので、目が腐るくらい寝ているんじゃないかとよく言われました。

飯島　そういう子どもだったんだ。歩けるまでに時間がかかったの。

山田　歩けるまでと言いましても、歩けるようになるとあっちこっち、車の下に入って、犬か猫かと探したりなんかして。
飯島　ごめん。探してるのは山田さん？
山田　はい。
飯島　下にもぐって？
山田　下にもぐりかけたことがありました。
飯島　引っ越して、妹さんが生まれた。
山田　妹が生まれた年から、小学校六年の途中まで△△に居ました。
飯島　すごく大事な一〇年くらい△△に居たのね。△△の暮らしはどんな記憶がありますか。
山田　そうですね。△△ですと、もう集団で動くとき、まあ小学校に入ってからもそうだったのですが、集団で動くときもみんなと一歩遅れて動いてしまっているところがありましたね。
飯島　何かすごく第三者的な言い方ですけども、本人はその頃どう思ってたんだろう。クラスではどうでした？
山田　クラスで、ですか。そうですね。やはり、どういう人がいるんだろうって。まあ、自分に合う人とは当たり障りなく接していて。
飯島　何か、小学校低学年とは思えない感じだけども、そんな感じだったの。
山田　はい。自分で、まあ、色んな人と遊んでいて、この人と合わないなと感じたら、もう、少しずつですけど距離を置いていきましたね。
飯島　ずいぶん、器用な小学生だけど、合わないなっていうのは、小学生の山田さんが、やっぱりわかるものですか。
山田　うーん。自分で感じる前にやっぱり他の人が……どうしてこの人避けるのかなっていうのを聞いたりしながらですね。
飯島　避けるのかなっていうのは……。
山田　その人との関係を持たないようにしてるんだろうかと。
飯島　あなたじゃない誰かが、その人とは関係を持たないのを見ていて、どうしてかなと思ったということ？
山田　はい。まあ、それで、聞かなくてもだんだん原因とかわかって来たんで。そっか、だったら関係を持たないほうがいいやって。
飯島　そうすると、お友達は、どういう友達がいたんですか？
山田　うーん。そうですね。幼稚園に通っていた頃からの仲のいい友達で、ちょっと自転車で飛ばして、家まで自転車に乗って遊びに行ったり、まあ、お互いの家を行き来してよく遊んだりしましたね。

飯島 じゃあ、ずっと△△から次に引っ越すまでは、そのお友達がいたのね。

山田 はい。

飯島 クラスの中ではどうですか？

山田 よそのクラスの子には、まあ、顔なじみの子が数人いましたので、よく遊んでました。

飯島 △△の小学校六年まで、一言で言うと、どんな小学生生活だったの。

山田 そうですね、まあ、どういう生活かと言われると、ちょっと、答えるのがきびしいですね。

飯島 あ、きびしい。ごめんね。何か楽しかったのかなっていう、雰囲気だったから。

山田 まあ、楽しかったっていうのもありましたけど、やっぱり、一番最後の時にですね、椅子に座るときに敷く座布団に落書きされちゃったことがありました。それさえなければ、本当気持ちよく◎◎のほうに越せたのになって今でも思ってますね。

飯島 それ一つだけ？ いたずらっていうか。

山田 そのほかにもあったんでしょうけど、まあ、それだけですね。何か、ちょっと心に未だに何か傷が残っているのは。

飯島 座布団にいたずら書きね。はい。で、小学校六年の途中で◎◎に引っ越すの。

山田 はい。今度は家庭の事情で、今度は母方の親のほうに、私の祖父に当たるほうですけど、その、祖父の実家が◎◎にありまして、そちらのほうでも何年か、一緒に暮らすことになったんです。

飯島 ◎◎も広いけど、どこですか。

山田 えー、◎◎の××。

飯島 あー。そう。ほんとに。はい。じゃあそれが小学校の六年の時？

山田 はい。

飯島 どうでした、転校は。

山田 転校するときは、ちょっとさみしさというか、いざ越すとなると、さみしさがありましたね。でも、その寄せ書きの中に、当然寄せ書きなんかくれないだろうなっていう思いがありましたけど、ちゃんと寄せ書き用意して頂いたんで。

飯島 どうして寄せ書きもらえないと思ったの。

山田　勝手に思っていただけだったんですけど、まあ、その中でずいぶんインパクトが残ったのが、「都会っ子になじんで早く◎◎の暮らしに慣れてね」って、そんな簡単に慣れる訳ないだろって内心思ってましたけどね。

飯島　でも実際××に引っ越してどうでした。

山田　そうですね。その学校にはじめてだったんで、まあ、本当にここ馴染めるのかなって思いましたね。

飯島島　引っ越して、家族もみんな引っ越していったんだもんね。

山田　はい。

父親のこと、いじめのこと

飯島　お父さんの仕事の都合って言ってたけれども、さしつかえなければ。

山田　父親のほうはですね、消防署員をやっておりまして、もともと◎◎で働いてたんですね。

飯島　じゃあ、すごく不規則ですよね。泊まりがあったり。

山田　はい。なので、日勤の時もあれば、当番で翌日に火事なんかあろうものなら、目を真っ赤にして帰ってきたこともありましたね。

飯島　息子さんから見て、お父さんはどんな人だったんですか？

山田　そうですね。仕事で、その、職業柄の厳しさをそのまま家に持ち込んでいるタイプでしたね。

飯島　仕事柄の厳しさってどんな？

山田　主に火を消す側で、まあ、火を消すだけでなく、早ければそこの中に取り残された方を救い出すことも可能な職業なんで、そこのところでよく、素早く正確にってことを、よくよくですけど言われた記憶がありますね。

飯島　お父さんの仕事はこういう仕事だってことを息子に伝えてた？

山田　はい。良く出てきたのは、勉強のほうで、なかなか覚えが、半ばぼくは覚えが悪いんで、人の数倍やらないと、覚えることができない状態だったんですね。今でもそうですが……。

飯島　でも、小学校の時にそういうふうに自分のことを思っていた。気づいてたの。

山田　うーん。気づかされたほうですね。

飯島　だれから？

山田　周りの人の意見だけでなく、主にそこの小学校の職員の話なんかを聞いていてですね。

飯島　人の何倍もやらないと、みんなと同じようにできないって気づかされた。

山田　はい。まあ、そこのところはやはり両親もどこでどう察したか、やはり、あんたは、やればできるんだから、その数倍やらないと本当に覚えられないよってことをよく言われましたね。

飯島　で、お父さんは仕事の厳しさを家に持ってきてた？

山田　まあ、すべてを持ってきていたというわけではないんですけど、厳しさの中でもときになかなか言い出せなかったこととかも言って、多少厳しい口調ではあったんですけど、それ、言うのが遅いぞって言われたりもしたことありましたね。

飯島　今、なかなか言い出せなかったことっていう言葉があったんだけど、それはなんだろう。

山田　ですね。例えば、小さいときに、近所の子と一緒にその子の持っているラジコンカーで遊んでいて、で、それ、何回もぼくの操縦ミスで壊しちゃったことがあって、その家の子が、ぼくが当時住んでいた所に来て、事情を説明するまで、なかなか話せなかったんですね。それは何なんだっていうことになって、実はこういう理由で、壊してしまったんですって話したら、げんこつ一発もらいながら、何でそれ早く言わなかったんだっていうのがありましたね。

飯島　お父さんになかなか言えなかった。

山田　はい。何かことあるごとにげんこつもらっていたので、そのせいで喋れなかったんです。

飯島　で、お父さんの仕事の都合で都会に行きました。××から◎◎って、やっぱりかなり違うのかな。

山田　そうですね。××県内、××と言っても市街地からちょっと離れた所にいましたので……。

飯島　どうでした？　××の小学校は。もう六年生ですよね。

山田　はい。六年の途中で行って、初めて入ったクラスに近所の子がいたので、まあ、一人友達になって、遊んだりしましたけど。ある日、何がきっかけだったかはわかりませんけど、クラスの一部の連中に目をつけられて、突然、ある日なんか図書館に呼ばれて、何だろうと思ったら、そこに座ってろって……。で、目つぶれ。今からお祓いをするなんて称して、あの、本やら参考書やら投げつけてきたんですね。

飯島　目をつぶって座ってる。小学校六年生の山田君に、同級生が図書館で本を投げつける。

山田　はい。何が原因だったのかも、未だにはっきりわかってないんですけど。それが続いたんで。
飯島　続いた？
山田　はい。一回、二回で済むどころか、何回も繰り返されたので。
飯島　ということは、そのたびに図書館に連れていかれたんですか。
山田　はい。もう、有無を言わせない状態で、ですね。
飯島　有無を言わせない。
山田　はい。
飯島　行きたくないって言わなかったんですか？
山田　あぁ、言いましたけど、取り巻きの連中にもう、あれ、両脇も肩、もう固められて……。
飯島　でも学校だから、他のお友達とか、先生の目もあったんじゃないの？
山田　言っても何にも対応してくれなかったんですよ。
飯島　誰に言ったの？
山田　最初は先生に言っても、もう、その場で言って、まあ、話をしても、また同じこと繰り返されるんで。
飯島　逃げたりはしなかったんだ。
山田　逃げましたけど、やっぱり、取り巻きの連中が、どこまでも追いかけてきて。
飯島　何か、恐ろしいことだね。
山田　はい。で、おまけにその、引っ張られていく姿を見たうちの一人が、「お前、本当、大丈夫だったのか。先生に言ったのか」って。「言ったよ。言ったけど全然もう対処してくれなかった。でもそれ知ってるんだったら、なんで最初のうちに言ってくれなかったんだよ」「いや、関わると、それ止めたら、今度、俺がそういう目に会う」って……。その瞬間に呆れましたよ。
飯島　呆れた。
山田　はい。もう、イライラが、まあ、以来その人とずっと離れました。
飯島　うん。知っていて助けてくれなかったから？
山田　はい。もう、この人と付き合ってても何の得にもなりゃしないって。小学校ながらにそういう心境でした。
飯島　何の得にもならないって、そうだね。助けて欲しかったんだね。
山田　ええ。そうですね。そこの、その友達にだけでなく、ちゃんと話を聞いていたにもかかわらず、対処しなかった当時の先生に対しても不信感だけは覚えましたね。
飯島　あ、それで言うと、お父さんとかには話さなかったの？

山田　一度話したことはあったんですけど、そんなのに負けねーで、根性見せろって逆に言われましたね。で、おまけにですね、××から越してきた奴だからって馬鹿にされるんじゃないぞって。その一言が余計重荷だったので、それ以降、何にも言いたくなくなっちゃったんですね。言ったところでまた、そ、そういう言葉が出るだろうって、子どもながらに思ってましたから。

飯島　その、お祓い。痛くて怖い思いして、卒業まで続いたんですか。

山田　ある日を境に、ピタリとそれが止まりましたね。

飯島　あっ。不思議ですね。

山田　はい。

飯島　何だったんだろう？

山田　どうしてかは、わからないですけど。

飯島　じゃあ、何とか無事に中学校に進めたんですか。

山田　んー……ですね。途中、やはり勉強は相変わらず追いつかないままでしたし、今度中学に上がりますと、今までの、同じ小学校の連中だけでなく、他の地域のいくつかの学校からも来ましたんで。で、そこからまた、もう、そうですね、ここからの人間関係がまた変わっていくんで。またそういう、まあ、新しく入ってきた連中も、どういう人間なのかって見ながら、行っていましたね。

飯島　山田さんは、見るんだ。

山田　はい。そうですね。

飯島　それはなんか、小学校の低学年の頃から、この人は自分にとって、ということをさっきも言っていたよね。

山田　はい。でしたね。そう、自分に得、得になるか、それとも、何にも得になりゃしないのかって。

飯島　それが、ちょっとよくわからないのだけど。それって、どこからそういう癖みたいなものが、できたんだろうね。

山田　ですね。やはり、転校する間際にあった座布団への落書きが、未だに、当時、引きずってたんですね。

飯島　うーん。座布団の落書き……。

山田　はい。

飯島　誰がやったんだか、わかんないよね。

山田　えー、ほんとはそれ、ぼくが転校する直前になってようやくわかったんです。同じクラスの人間の一人がやったって名乗り出たんです。多少、一つ二つ話しただけだからという間柄だったんですけども、やはり、いざ、なんか寂しいからなんて、そういう理由で、何の衝動かで書いてしまったって……。

飯島　じゃあ、別に意地悪とかじゃなくて、こう、転校しちゃうのわかって？

山田　はい。

飯島　座布団の落書きは、そんな悪い感じしないのだけど、どうなんだろう？

山田　自分の中でもう、そう、本当そういうのはやめて欲しかったなって。

自分はどう見られてるんだろう

飯島　ああ、そうか。でも人が自分にとって、どういう人なのかってことを、絶えず意識している。

山田　はい。

飯島　そうか。今日はこんなにお客さんがいますけど、人がいるとすごく気になるのね。

山田　やはり、そう……ですね。まあ、どこかに集中してしまうと、一つのほうしか見られなくなってしまうので。時折り、みなさんを、チラチラと見ながらですね、けど、あまり見すぎると、かえって、何て落ち着きのない人だって思われてしまいますから。

飯島　だから、絶えず、そういうふうに意識しているのね、自分で。

山田　はい。

飯島　さっきあなたが周りを見て、損か得かみたいな言い方をしていたけど、向こうからどういうふうに見られているかは、すごく気になるの。

山田　まあ、あまり意識しないようにしてますけども、どういう話してくれるのかなってふうに見てるのは確かですね。

飯島　ごめん。どういう話をしてくれるのかなって見ているのは誰？

山田　あの、今ここに、まあ、今日もここに来て下さっている方々ですね。

飯島　あなたがどういう話をするかなって、見ている。そりゃそうですね。それできたと、わざわざね。

山田　すいません。当たり前のこと言ってしまいました。

飯島　いやいや。ちょうどいま三〇分たちました。あと一時間です。じつは生い立ちから、中学校までいってないんですね。

で、おいくつですか、今。

山田　今年の四月で四一歳になります。

飯島　山田さん、若く見られますよね。

山田　はい。その学生卒業してからでも、やはり、ずっとどこの会社に行っても、歳いくつって必ず聞かれますね。はい。

飯島　どうなんでしょう、若く見られるというのは。

山田　あまり気にならないですね。

飯島　気にならない。はい。男の方で、若く見られることを嫌がる人もいるって聞いていますから。で、「かりいほ」に来たのは何歳でした。

山田　二七歳の時です。

飯島　そうか。ということは、「かりいほ」で丸一三年か一四年たったのですね。

山田　はい。たちますね。

飯島　だから、人生の三分の一が、「かりいほ」なんですね。

山田　はい。そうですね。うーん。それまで、「かりいほ」にたどり着くまでの間ですね、中学の時では、散々なんかもうまた嫌がらせの対象になって、まあ嫌がらせと言いましても、カバンの中に鉛筆の削りかすやら、ビリビリに破られた自分のノートを入れられ、でその、それを涙ながらに担任に見せて、ホームルームでみんなの前で、山田の心をナイフで切りつけたのも同然だって言ってくれたのは、やっぱ覚えてますね。

飯島　担任の先生が、山田の心をナイフで切りつけたも同然だって言ったのね。

山田　はい。

飯島　山田さんはそんな気持ちだったですか。

山田　はい。その当時、小学校の当時からずっと職員に対して不信感を抱いていたので……。

飯島　職員っていうのは学校の先生？

山田　はい。そうですね。学校の先生なんで、職員。不信感抱いてた中で、初めてそういう、僕の気持ちを代弁して言ってくれたってことが、すごくうれしかったですね。

飯島　それは中学校の一年生の時？

山田　あー、えっと二年の時でしたね。

飯島　二年生のときの担任が。

山田　ですね。

目の前で担任が、障害の話を

山田　あと、ちょっと話を戻しますと、あの中学の一年の時に、男性の方が担任だったんですね。

飯島　男性の方が担任。はい。

山田　で、ある日の家庭訪問の際に、まあ、私が、その当時よく忘れ物を頻繁にしてしまっていたので、なんでだろうって当時の担任が思っていて、で、まさかっていう一言の中に、知的障害を抱えているのではないか、という疑問符を投げかけてきたんですね。

飯島　すごく難しい言い方をしたけど、家庭訪問に先生が来た。お家にいたのは？

山田　私と母親。

飯島　お父さんはいなかったの。

山田　はい。

飯島　じゃあ、先生がお母さんに、息子さんは知的障害を、といったんだ。

山田　もう、知的障害を抱えているのではないか、と疑問符を投げかけてきた。

飯島　疑問符を投げかけてきた。

山田　はい。その当時は、何のことを言ってるんだろう、話してるんだろうってくらいにしか、聞いてませんでしたね。

飯島　あなたも聞いたんだもんね。

山田　はい。

飯島　面と向かって、山田君は知的障害じゃないのかって言われたわけですね。

山田　はい。

飯島　どう思いましたか。

山田　その当時は、ええ！っていうのが強かったですね。

飯島　中学二年生だったら、知的障害ってよく理解できないよね。

山田　はい。ですね。

飯島　お母さんは？

山田　まあ、その……、そんなことはないでしょみたいな感じでしたね。

飯島　先生のその言葉は、頑張れって言っていたお父さんに伝わったのかな。

山田　まあ、ぼくの知らないところで、きっと伝わったんだと思いますね。まあ、それ以来、何かにつけて、なんか、そんなことばっかやってたんじゃ、今度はバカの学校やっちまうぞとか、こそっこ出すぞって。

飯島　こそっこ？

山田　はい。こそっこという、まあ、今でいう中学卒業したらどっか働きに行かせるぞ、みたいに散々脅かされるようになってきたんですね、父親から。まあ、そういうことですね。こそっこに出すだのなんだのという言葉はやはり、中学卒業しても、高校に行ってもありましたね。まして、中学三年の時の受験がなかなかうまくいかなかった時なんかは。

飯島　受験ですか。

山田　ええ。お前はどこまでバカなんだって、ほれ言ってみろって言われたこともあれば、私の誕生日が四月なので、それになぞらえて、お前は、もう一週間早く生まれていたら、確実に浪人生だったぞって。そんなこと言うかって思いましたね。すごい傷つきましたね。

飯島　中学校一年生の担任が、知的障害という言葉で言って、中学二年の時の先生は、心をナイフで切りつけたっていう気持ちを代弁してくれた。

山田　はい。

飯島　三年の時の担任は違う人ですか。

山田　うーん。ある意味熱血感の、男性教諭だったんですけども、やはりぼくのところをどう見ていたのか。

飯島　わからない？

山田　全くわかんなかったですね。

飯島　ただ、山田さんは受験で苦労したっていうから、高校に行こうとしていたんだよね。

山田　はい。やはり、最低でも高校には行きたいってことは、当時ありましたね。

飯島　最低でも高校に。

山田　はい。

飯島　本当の希望はどうだったのですか。

山田　本当の希望ですか？　まあ、ずーっとやはり高校の、高校に行って、最低でも高校までは出ておきたい。その先ちゃんと高校とか出ておかないと、仕事つけないぞっていうことを、そうですね、中学の半ば、高校受験を控える直前に色々そう言われ始めましたね。

飯島　じゃあ、最低でも高校にって思ったのは、周りから言われたから？

山田　ですね。まあ、行きたくなかったたっていうことは一切なかったです。

飯島　行きたいと思っていた。

山田　はい。

夜間高校に通う

飯島　どうでしたか。高校に行ったんですよね。

山田　はい。ですね。中学卒業するまでには勉強は間に合わなかったんですけど、通い始めた塾の職員と、あの、夜間高校の教員が、ちょうど知り合い同士だったもので、そのこねで入れて頂いたんです。

飯島　中学校を出て、夜間の高校生になったわけですね。

山田　はい。はい。そうですね。そこでも気を抜かないでやってましたね。

飯島　どうですか、夜間高校って。ちょっと雰囲気とか顔ぶれとか違うでしょ。

山田　そうですね。同い年の人間も数人いましたけど、同じ年の人間の中には、先に高校に行ったけども、やっぱそこの校風に会わないから辞めたという人間もいれば、まあ、あと中には、家庭を持った方もいて、若い時に高校も満足に出られなかったから、ここでもう一度やり直したいと言う方もいましたし、中にはそうですね、まあ色んな問題を起こしちゃって学校に居られない、まあ昼間の学校に居られなくなって流れてきた人とか、色々いましたね。

飯島　なるほどね。夜の時間っていうのは特殊な時間帯だけど、色んな人と一緒で、居心地はどうでした。

山田　決して悪くはなかったですね。

飯島　悪くはなかった。

山田　はい。その中で、もうこう、成績だけは置いて行かれちゃかなわないっていう、思いだけは強かったので、そうですね、やはり、一所懸命やってましたね。

飯島　どちらかというと、交友関係よりも勉強を頑張っていたということかな。

山田　交友も多少はありましたけど、あまり深入りはしませんでしたね。あまり偏り過ぎて、夜遊びに走ってしまうっていう危険が、多少なりともありましたので。

飯島　そう。でも、みんな昼間働いて、夜来るパターンで、それから夜遊びですか。

山田　夜遊びと言いましても、近くで二、三十分程度話してっていう程度が、それが、どんどんどんどん延長していって、しまいには朝まで帰らないっていうひとが何人も出て来たんで、これは危ないと思ったんです。

飯島　そうなんだ。でもいつも山田さんは身を守るね。この人が自分にとってどうかとかね。

山田　そうですね。

飯島　それが働いたわけですね。

山田　はい。ですね。ましてや、家との約束がありまして。

飯島　うん？　家と約束するんですか？

山田　あ、そうですね。家じゃなくて、両親と約束してたんですよ。あの、夜間の高校に通ってるということもありましたので、昼間とかは仕事をしないで、あの、塾に行って勉強し、帰ってきたら、今度は学校があるんだから、学校でも勉強。勉強しなさいと。それがずっと続いてまして、その年の夏にですね、今度、昼間の高校で欠員が出たので、そこの編入試験、受けてみないかというお話があったんです。

飯島　はい。

山田　どーしようかなって、内心思いましたけど、せっかくこう、せっかくここで落ち着けたのに、また、猛勉強するのか。やだなーって、どっかにそういう抵抗感があったんですよ。

飯島　山田さんにはね。

山田　はい。そういう気持ちはもう両親に伝えたんですけどもね。まあ、ダメでもいいからやってみろと。

飯島　はい。

山田　あの、両親にとっては昼間の高校にはどうしても行って欲しかったっていう思いが強かったんですね。はい。

飯島　なるほどね。はい。どうでした?

山田　ダメもとでやったら、まあ、なんだか受かったんですね。

飯島　よかったですね。

山田　はい。で、それも、ちょっとの時間ずらして、家のほうへ戻ってきて、真っ先に出た母親がなんか「あー、おかえり。どうだったの?」ってきたから、「うん。あー、受かったよ」って言ったら、途端にもうほろって涙こぼしはじめまして、ええー、何で泣くのって思ったんですよ。そしたら、もう、散々。どういえばいいのかな。今まで受験に失敗したから、もう家に帰るに帰れなくて、困ってたんだと思ってたって。

飯島　あー、そうかそうか。はい。

山田　実際に高校受験で失敗して、家に本当に帰れなくて、帰りづらくて困っていた時期があったんで。

飯島　お母さんは、編入試験に合格したこともうれしかっただろうけども、帰ってこないあなたを心配していたのね。それで涙が出た。

山田　はい。でしたね。まあ、ましてや、父親に対して、その、その時は何も言わなかったんですけども、ようやく夜間で受かった際に、お前の場合、もう自力で受かったんじゃなくて、拾ってもらったんだ。ありがたく思えって。屈辱に思えよって。そういうこと、何で恩着せがましく言うかなって。だんだん、そういうこと、聞きたくなくなってきちゃったんですよ。

飯島　はい。まあでも、きっとお父さんも全日制に受かって嬉しかったでしょうね。

山田　気を緩めるんじゃないぞっていうのが、真っ先に来ましたね。

飯島　なるほど。高校生活も全日制に移って、気を緩めないで頑張ったんですね。

山田　頑張るつもりで行ったんですが、やはり、どっかで何かもう、どっかで緩んでしまって、遊びにちょっと走ってしまった時期がありました。

飯島　まあ、高校時代もですか。どうしていましたか。ちゃんと勉強して、卒業はスムーズにいったんですか？

山田　うーんとですね。途中からだったので、一学期の、一年の途中は、なかなか成績は追いつかなかったのですが、なんとかそこはお情けで、二年に進級させていただきまして、二年の際にですね、まあ、ちょっとそこから、まあ、成績が追いつかないというか、出席は良かったんですが、成績が追いつかなくて、で成績が追いつかなかった挙句のはてに、留年せざるを得なくなっちゃったんです。で、一八歳のときに、もう一回二年生をやり直して、その時は、今度はもっぱら遊びを封印して、塾と学校の行き帰りを一年間続けましたね。で、そして、その、三年のときになっても、多少の落とした単位の不足がありましたもんで、その分は夏の補習に出て、ようやく単位もすべて取得できましたね。

飯島　じゃあ、無事卒業できた。

山田　ですかね。一七のときにはちょっとばかり心に傷が残る事件がありましたけど、それ以外は何とか通い、越せましたね。

飯島　もしよければ、心の傷ってどんなものだったんですか。

山田　二年生のあるときにですね、まあ、一度、何かちょうど同い年の連中に、もう一時間だけ授業さぼって、ゲームセンターに付き合わされちゃったんですね。やだと言ったんですけど、やっぱ取り巻きの連中に逃げられない状態になってしまって。

飯島　えー、前もそういうことあったよね。逃げられないんだ。

山田　ええ、もう、何か嫌と言えない性格を何か、つけ込まれちゃったんですよ。

飯島　嫌って言えないんですか。

山田　はい。強く言えない性格だったので、はい。それが、もうその当時からですね。現在まで、ずーっと残っちゃってます。

飯島　ごめん。残っちゃってるのは、何がですか。

山田　あの、いざというときに、嫌だってことを強く言えないことが残っちゃってるんです。

飯島　あー、そうなんだ。で、話を戻すと、一時間だけゲーセンに付き合えって言われたわけですね。

山田　はい。で、嫌々ながらに行って、学校で、すいません、遅れましたって言ったけど、その時どこでぼくを見ていた人間が喋ったんだか、もう周りは、先生をはじめとして、お前、何やってたんだよって、散々もう、散々もう、その当時いじくられたんですね。

飯島　いじくられた？　誰にですか。

山田　まあ、周りは、やんややんやはやし立てるし、先生は何かもう、とぼけてんじゃないよってばかりに、尻をたたいてきたりと。その時、もうすいません。本当にもう遅れちゃったんです。すいませんって言いながらもまあ、まあ、そん時、そーっと耳打ちしてきて、まあ、後で職員室へ来なって、そこでだったら、話ができるだろうってことになったんです。

飯島　うん。

山田　誰と行ったんだっていう話になった際に、もう誰にも名前を出さないし、ほかの人に話さないよっていう条件だったら話しますよって念押したら、ああ、わかったって言って、それで全部を話した途端に、手の平をひっくり返して、やっぱりこれは言うしかないねって。途端に？　え？　何それって。さっき言わないって言ったじゃないかって、その時は言いましたね。そこからもう、この人らの、この先生らの口は絶対に信用ならないって。どうして、大人って、そういうところで自分に都合よくひっくり返すのかって、怒りを覚えましたね。

飯島　本当ですね。でも、そんなことがあって、無事卒業できたんですか。

山田　うーん。ですが、その後になって、まあ、お礼参り同然に……。

飯島　名前とか言っちゃったから？

山田　はい。川っぺりのところに呼ばれて、まあ多少なりとも、何かもう、殴る蹴るのを、まあ、受けましたね。

飯島　いつも思うんですけど、川っぺりに呼び出されるときに、簡単に付いて行っちゃうものなんですか。

山田　まあ、逃げたんですけども、取り巻きの連中に捕まって、もう逃げられなくなっちゃった。

飯島　三回目ぐらいなんだけど、振り切れないんですか。

山田　振り切れないですね。その後になって、顔が、顔中、今度、あーいてって、顔を押さえながら歩いていて、まあ、その……ですね、たまたま地元が同じ人間が一人いましたので……。
飯島　はい。
山田　ほかの学校に通ってたんですけど。で、そいつに、どうしたって言われて、ちょっとこういう理由があってねって言うと、学校はって訊かれて、いま逃げ出して来たところなんだよって。これでもう学校戻れないわって。じゃあ、そしたらいま学校に連絡するしかないって、言われてですね、そこで連絡して、たまたま電話に出てくれたのが、クラスの担任だったので。
飯島　はい。
山田　わかった。ありがとう。よく知らせてくれたねって。いろいろ訊かれましたけど、そっか、殴られたのか。大変だったけど、辛いの我慢して、よく電話してくれたねって。まあ、ほんとに常日頃に、クラスの中で成績が追いつかなかったぼくに対しても、このままだと危ないぞって、ずっと尻を叩き続けてくれていた人だったんですね。その一言ってのは今でもその、嬉しさは、胸に残ってますね。
飯島　ということは、電話を受けてくれた担任だった先生と、手のひらを返して、大人は信じられないって思った先生とは、違う人なんですか。
山田　はい。全く、別の人ですね。ほんとに心を許せる人だったんですよ。その担任が。
飯島　その担任の先生は、卒業まで一緒にいたんですか。
山田　うーん。その時はちょっとですね、教科が一緒というか、その教科の時間に当たった時は、顔を合わせて、それが学年が変わっちゃって、どっか人目がつかないところで、何かあったらまた俺のところに言いに来なよって、そーっと、陰ながらに励ましてくれましたね。
飯島　その先生と、卒業した後に連絡をしたりっていうようなことはあったのですか。
山田　うーん。卒業後にも何回か学校に遊びに行って。あの時はありがとうございましたって、お礼を言えましたけどね。
飯島　そうじゃなくて、何か困ったときに相談に行くとか、そういうことはあったんですか。
山田　うーん。卒業後はですね、あまり、ですね、遊びに行って、こういう状態ですよってことを報告した以外はないですね。相談とかはしなかったですね。
飯島　高校を終わったあと、いろんなことがあったと思うんだけど、そういう時に、その先生がいてくれたら、相談できたらぜんぜん違ったのかなって思ったので。

山田　ですよね。

飯島　そうか。すると、高校卒業後は一九歳ですね。

山田　そうですね。

専門学校と車の事故のこと

飯島　その後はすごくいろんなことがあるんだよね。一九歳で卒業し、いま四〇歳だから、そのあとのことを、足し算引き算なんかしたりして。うーん。

山田　で、二〇歳になってからですね。専門学校に入ったんです。

飯島　それは、自分で選んでですか。

山田　行きたくなかったんですけど。

飯島　自分で選んだんじゃないんだ。

山田　はい。

飯島　どうして就職じゃなくて、専門学校に行ったんですか。

山田　ちょうど、景気がもう、バブルがはじけた直後で、当時で言いますと、就職の氷河期だったんです。それで、いま働くにしても、お前が学校卒業する頃には、もうすこし景気が上向くだろうなんて。

飯島　誰が言ったの。

山田　あの、父親が言ったんですね。おまえさ、働くのまだ早いよって。

飯島　専門学校だから二年後ですね。

山田　はい。二年後だったら、景気は上向くだろうって。だけど、ぼくの成績はなかなか上向くどころか、下の下から数えたほうが早いクラスでしたから。

飯島　専門学校では何を学んだの。

山田　うーんとですね。経営情報という学科におりまして、商品のですね、その月にいくつ売れるかの計算をして、この商品はまあ、どのペースで仕入れるか。あとはその店舗も、そこの地域に何店舗置けるかって、本当、頭が爆発するくらい、なんか難しい勉強でしたね。

飯島　興味関心は。

山田　まったくもってなかったですね。仕方ないから行っているってくらいなんで。そしたらですね、なかなか成績が追いつかなかったある日に、もう、漠然と行ってるくらいなら辞めちまえっていう言葉を貰っちゃいまして。

飯島　はい？　誰に？

山田　あっ、父親から。

飯島　あー、またお父さんですか。

山田　ええ。父親からそういう言葉を貰っちゃって、だったら何で最初に行けって言ったんだよって。もっと早く言えよって、喉から出かかった言葉を飲み込んでましたけどね。まあ、もう、伊達や酔狂で金出してんじゃないんだからな。それはわかっとけって、散々言われましたね。はい。

飯島　そうか。でも、学生生活はそれなりに楽しめたんですか。

山田　まあ、それなりに楽しめましたね。卒業間際にですね、あの、高校時代に仲のよかった女性が一人いまして。

飯島　あら、仲が良かった女性。ガールフレンドですか。

山田　クラスが一緒だったってだけなんですよ。

飯島　それだけなの。

山田　まあ、だけで、深入りはしなかったんですけど、時折りまあ、話して。

飯島　学校の教室で、とかですか。

山田　教室もそうでしたし、お互いにどういう性格かってことも、ちょっと知っていましたので、たまに電話で連絡取り合ったりしているって間柄だったんですよ。で、ある日にですね、まあ、ちょっとライブ一緒に行かないかってお誘いが来たんですよ。

飯島　ライブ。

山田　ええ。

飯島　何のライブでした。

山田　あの当時、現在のアーティストで言いますと、福山雅治の、コンサートに行ってきたんですよ。

飯島　えー。どこで。

山田　えっと、横浜アリーナですね。ところが、何がどういうところで繋がったんだか、車の運転まで代行を頼まれてしまったんですよ。

飯島　うーん。どうして。電車で行けばいいのに。

山田　とぼくも、だったら電車で行けばいいんじゃないって言ったんですけど、何か、どうしてもって。何でってって言ったら、「山田君の車の運転技術見てみたいし、だってあたしまだ、あの、AT限定から、今度MTのまあ、両方ができるようになって、資格切り替える真っ最中で、車の運転できなかった」って言うんですよ。

飯島　その彼女が、車が運転できない。

山田　はい。

飯島　だから、山田さんに運転してと。

山田　はい。

飯島　うーん、ごめん。彼女は車を持っているんですか。

高校生の時ですよね。

山田　はい。まあ、持ってましたね。はい。その日は、実際ライブ見に行って、車運転して、帰りに、どっかでちょっと、どこでどう油断しちゃったのか、ガードレールの所に車をちょっと擦っちゃって。あと、電柱の正面に、ちょっとゴツンとぶつけちゃったってことがあったんですね。

飯島　行きじゃなくて帰りね。

山田　はい。それで一回で済めばよかったところを、何かもう一度ぼくのほうに、車の運転のお願いが来ちゃったんですね。

飯島　もう、前回ぶつけてますけど。

山田　はい。で、どうしてまたって言ったら、もう今度は山田君も、まあ、慎重にやってくれるってこと信じて、お願いしてるんだって。嘘つけって、内心思いましたけどね。

飯島　断れなかったんですか？

山田　まあ、今度、まあ、今度は自分が気をつければいいやって思ってましたので。

飯島　どこに行ったんですか。

山田　あの、同じところじゃなく、どこだったのかな……。そしたら今度は、渋谷方面で買い物って言うから、だったら電車で行けばいいじゃんって言ったんです。いや、どうしても車で、急いで行かなきゃいけない用事だったからって、うまく丸め込まれてしまったんです。

飯島　そうか。で、行ったわけですね。

山田　行って、あー、やっと終わったと思って帰って来たら、今度は一本道のところで、後ろから車にあおられまして。

飯島　あおられた。パッシングかなんかされたんですか。

山田　パッシングどころか、後ろでやたらなんか、エンジン空ぶかしで、早く行けってばかりにあおられて、じゃあしょうがないって、路側帯によけて、先に行かせようとしたんですけども、その際にアクセルとブレーキ踏み間違えて、民家に突っ込んじゃったんです。でその、民家の所に突っ込んでしまって、当然その家の人が出てくるかと思ったら、出てこなかったんで、申し訳ないけど、そのまま、その場を立ち去ってしまいましたね。ハイ。

飯島　突っ込んだっていうのは、どの程度の被害を与えたんですか。

山田　まあ、被害までは見なかったんですけども、車の前方が大破してしまいましたね。はい。

飯島　大破した車で走っていったんだ。

山田　かろうじて動きましたので。

飯島　そうか。

山田　そのとき、本当、動揺隠せなくなってましたね。

飯島　はい。普通、動揺しますよね。でも、突っ込んでしまって、大破した車をさりげなく運転するってのは、すごいなって思うんだけど。

借金を抱え込まされる

山田　いま思うとバカなことしたなって。

飯島　だけど、逃げちゃったんですよね。で、どうなったんですか。

山田　その後、車の中で二人っきりになった時に、さあどうしようかって話に。

飯島　それから考えたんですか。

山田　ですね。これはまあ、ぶつけちゃった自分に責任があるっていうことで。

飯島　山田さんが自分に責任があると。

山田　はい。

飯島　でも頼んできたのは彼女ですけど。

山田　はい。車のほうの修理費っていうことでですね、いろいろと、修理費もどうしようかって。当時、自分もアルバイトをしておりましたので。

飯島　どんなアルバイトですか。

山田　えっとですね、鉄道会社の切符きりのアルバイトをやってたんですね。

飯島　だから、お金を持ってたの？

山田　うーんと、お金と言っても、貯金なんか、ほとんどありゃあしなかったんです。

飯島　でも、初めから、修理代は山田さんが何とかしなくちゃっていう話ですか。

山田　はい。でしたね。

飯島　で、どうなったんですか？

山田　あの、そこのところで、気が重たーくなったまんまですね、消費者金融に行きまして、二社ぐらい……二社ぐらいから借りて、四〇万くらいですね。

飯島　待ってください。バイトはしていたけど、まだ高校生ですよね。

山田　いえっ、専門です。卒業間際で。

飯島　ああ、そうかそうか。でも、借りられるものですか。

山田　はい。

飯島　サラ金っていうやつですね。

山田　はい。ですね。その当時もう、免許取得していたんですね。
飯島　免許で借りられちゃったわけですね。
山田　はい。まあそれが、身分証の代わりにもなりましたので。
飯島　そうか。まあ、頼まれて運転して、事故起こして、サラ金から四〇万借金。
山田　はい。ですね。それで、ある日、突然信販会社のところでカード作るようになって、え？　何で何でって。
飯島　例の彼女がですか
山田　はい。そうしたらですね、このクレジットカードの裏からでも、四、五万とか引っ張り出せるからっていう。
飯島　ん？　ん？　もう一回言ってもらえます。
山田　クレジットカードのところから、あの、現金を多少、引っ張り出せるってことを、なぜか知ってたんです。
飯島　信販会社ですか。よくわからないけど、信販会社から借金するっていうことですね。
山田　はい。別に物を買うわけでもないのに、なんでだろうって。
飯島　あなたが物を買うわけじゃないのにね。
山田　はい。なんでだろうって、思いましたけどね。もうそのときは、申し訳ないっていう気持ちがやはり強かったので。
飯島　申し訳がないのは、車を大破しちゃったからですね。
山田　大破させてしまったってことで。
飯島　でも修理代は払ったんですよね。
山田　はい。そういうやり取りをしているうちに、実家のほうに、督促状が届いたんです。その信販会社からの。でそれで、家から、まあ、両親に問い詰められて、もうこれは隠しきれないと悟って、すべてを白状して。でそこの、女性のところに電話入れて、電話入れた翌日に、示談ということになって。まあ、そうですね。私の家でいろいろ話し合いをして、まあ、要はけりがついたんですね。
飯島　山田さんの家に、相手の方が来た。
山田　はい。ですね。話が終わるか、終わらないかのところで、一度ぼく、席外されたんですね。で、その時、自室に上がってまして、自室と話し合いをしていた部屋が、ちょうどぼくの部屋の真下だったんで、話が、もう筒抜けだったんです。その中で残っていた言葉ってのが、本当まあ恥ずかしい話なんですけど、あいつは自分の息子だと全く思えないんです。あんなバカっぷりにって言う。
飯島　はい。

山田　他人に対して言う言葉かって。言う必要ないだろうって思いましたね。そんなこと言うかって。自分でやったことの申し訳なさ以上に、父親に対する失望感が、きましたね。

飯島　ね。もう二〇年近く前のことになるんだよね。

山田　はい。

飯島　山田さんは、専門学校卒業間際だったから、二〇歳、二一歳？

山田　まもなく二二になろうというころですね。

飯島　そうですよね。それで何とか「かりいほ」まで辿り着きたいんですけど、このあともいろいろと、山田さんの人生が凝縮しているんですよね。いろんなことがあってね。

山田　ええ。ですね。

就職をしてから

飯島　山田さんの中でやっぱり、今、語りたいことは何だろう。いろんなことがあったと思うんですけど。

山田　そうですね。うーん。やはり高校を卒業してからはですね、ずっと、勉強もなっかなか覚えられないっていうのがあって、今度はそれが勉強から仕事にかわりましたね。仕事のところでも、繰り返しやっていかないことには、ちゃんともう覚えられないっていうのも、さらに痛感しまして、もう、そこの覚えられないところを、どこでどう見抜かれたかは、知りませんけど。

飯島　見抜かれたんですか。

山田　ええ。そこで、子ども向けのお店ですか、おもちゃや食品を扱うお店にもいたりして、時には、ルートセールスといって、あの、空調機器ですね。

飯島　それは車の運転でやったの？

山田　まあ、車の運転でも、多少経験したんですけど、やはり運転技術が全くダメだったたっていうことで、一週間で首を切られましたね。で、次にですね、今度は郵便配達にいって、やはり同じルートで、どういうお客さんのところに行くかっていうのも、事細かに覚えて行かなきゃいけなかったので、それを毎日繰り返さないとダメな職場だったんですね。毎日やっているにもかかわらず、今度は人間関係でぶつかって、もう、壁にぶち当たって、それも、のろいだの、俺だったら、こんなことは一時間くらいで終わらせることできるとか、もうお前は来るなって言いたいのか、っていうくらいなことばかり言われたりやられたりしてたんで、行くのが嫌になってしまいましたね。

飯島　山田さんの場合、こう、辞めさせられてしまう場合もあれば、山田さんから飛び出してしまうこともあるんですね。

山田　ありますね。はい。まあなかに、飛び出してしまった経験があって、多分その次に入った運送会社の仕分けのところですね。初日にもう、履歴書出した時に、その内容を覚えていた上司が、こういう仕事よりか鉄道のほうが向いてるんじゃないのか、なんて、そんな軽はずみなことを言ってきたんです。まあ最初は、頭悪いからそこは諦めましたなんて笑ってましたけど、腹ん中では、バカにすんじゃねーぞって、なんかありましたね。

飯島　そうなんだ。

山田　でも、それどころか、だんだんエスカレートしていって、ぼくの仕事っぷりを見て、どんどん差を付けられていくだの、で終いには、ほかの部署に紹介する際に、お前とろいもんな、って言葉を付け加えられたことがあって、で挙げ句の果てにですね、よその、出向先の人とちょっと仲良くなって、色々話していただけなのに、お茶に誘っただの、将来的にはこの二人は結ばれちまうんじゃないかなっていうとか、とんでもない噂を立てられて、もうそれで、自分から退職届を叩きつけて、飛び出してきましたね。で、そこから嫌になって、一年間、何もしなかったんですね。で、まあ、探すには探したんですけども、いろんな人のつてを頼って、そろそろ仕事始めなきゃって気持ちでは分かっていたんですけど、なかなか前向きになれなかったってことがありましたね。

飯島　そうか。おうちから追い出されたということもありましたよね。

山田　はい。半月ほど締め出されたことがありましたね。で、その半月締め出されていた間にですね、あの、一度行きずりの男に会ってしまいまして、一回だけでその場で終わるどころか、また同じ会社で会ってしまって、今度は逃げるに逃げられない状態になっちゃったんです。でまあ、ちょっとなんかもう、食事を恵んでもらったというか、まあ、食事を少し頂いただけだと思ったら、もう、終いには、まあ、その世話代に一〇万もらうだのなんだのと始まりまして、で何かもう機嫌が悪いと突然殴る蹴るがきたりと、まあ、その当時は何でそんなことするのかわかんなかったんですけど、後にですね、その男も覚せい剤の中毒だったってことがわかったんですよ。

飯島　うーん。

山田　まあ、そうこう繰り返していくうちにまあ、一度、

家のほうに、謝りに行ってですね、まあ散々家で、家の前で怒られましたけど、

飯島　家の前で怒られた。

山田　ええ、あの両親に。

飯島　両親が家から出てきて。

山田　ええ、出てきて、両親に思いっきり怒られて。で、この人間は何なんだってことになって。いま、そこにいる人は誰なのかって。

飯島　えっ、男の人がついてきたの。

山田　ええ。まあこの人も、いい加減家に戻りなって、そう勧めてくれた人なんだけどって。まあ、そうして出会ってということで、そうこうしているうちに手切れ金っていう話になっちゃいまして。まあ、その人間に、手切れ金を一〇万払うということで、話はついたんですよ。何回かに分けてですが、なんかようやくきれいに切れましたね。で、その際にです、その際にいわくが付いたところで、新聞配達やってたんですが。

飯島　はい。

山田　慣れ始めたところでですね、そこの先輩社員が、何のストレスのはけ口だか知らないんですけど、突然ですね。まあ、僕がちょっと遅刻したり、どっかお客さんのところに新聞を配り忘れちゃったたっていうだけで、なんか、金を要求してきたんですよ。ぼくは、何でだって、ほかの人にもできたのかって、一回、訊いたことがあったんですよ。まあ、ほかの人に対してはしらばっくれてたんですね。で終いには、殴る蹴るも始めまして、もうこれ黙っていられないと思いまして、ある日の時に、ぼくの顔に青あざができちゃった時がありまして、そこの社長が異変を感じて、まあ、ぼくを二階に呼んでくれたんですよ。で、何があったってことで、まあ、涙ながらにすべてを話して。

飯島　はい。

山田　でまあ、ことを解決しましたね。そこにもう、殴る蹴るをやってくれた人の、先輩ですが、その人の借金を僕から散々持っていったお金で肩代わりする形になりまして、で、挙句に退職届を出していたって言うんで、よその店におっ飛ばされたんですね。借金背負わされ、その上よその店におっ飛ばすという形で事が済みました。

飯島　うーん。いま、一件落着のように言ったけど、その後も山田さんはそこで働いたんですか。

山田　それでは終わらなかったんですよ。終いには、今度店の中で、何かもう、あんた居てもしょうがないんじゃないの的な扱いを受け始めるようになって。なんか、ある日

ふと、このままでいいのかなっていうのが心の中に残っちゃったんですね。何か、迷いから脱しきれないでいるうちに、終いには、縁を切ったはずの行きずりの男が現れまして、でお金をちょいちょいたかってくるようになったんですよ。それも、あまりにも頻繁になり、そのままそこの配達先も辞めざるを得なくなっちゃったんですよ。あまりにひどかったもんで、もう彼のところから逃げるようにしてですね。今度は地方であの、どう言えばいいのかな、派遣社員で、地方に飛んだんですね。

飯島　彼から逃れるためですね。

山田　はい。

飯島　その彼からは、無理難題を言われ続けた訳ね。

山田　はい。もうひたすらお金を引っ張るっていう道具でしかなかったみたいなんです。

飯島　そうかー。で、その後、派遣で行ったのは、長野や群馬でしたっけ。

山田　そうですね。派遣のときは長野で、二箇所いましたけど、いずれも人間関係でうまくいかなくなって、あ、人間関係だけではなく、仕事が全くもうダメで、で、で、で、あげくの果てにもう、よその派遣社員も無断でかくまっていたことが発覚して、そこの寮を、出ざるを得なくなっちゃったんですよ。

飯島　まあ、殴られるばかりじゃなくて、山田さんにしても、結構、手を出すようなこともあったんですか。

山田　はい。ありました。決して人間じゃなくて、物に対してですね。派遣のところで、内部昇格組がいまして、その中で、やっぱ外部と内部で多少なりとも衝突があったんですよ。ちょっといざこざがあった中で、ふっざけるんじゃないよってことで、まあ、壁に向かって一発の蹴り入れたら、ちょうど立ち上げたばっかりの工場のところの壁、もう、壁、穴空いちゃったんですよ。まさか、こんなところで、仕事と壁に穴開けるなんて思わなかったですよね。

飯島　(笑)。ごめんなさい。すごいおちまで付けてくれたけど、そうなんだよね。じゃあ、ちょっとごめんね。

「かりいほ」入所まで

飯島　すこし端折って、山田さんが、どうして「かりいほ」とつながるのですか。そこを話してもらえませんか。

山田　派遣を辞めてからしばらく、まあ、半月ほどですね、ほかの同僚と神奈川のところに行って、行ったその先で、仲間割れを起こして、ぼくだけ一人で群馬に行ったんですよ。

飯島　えっ？　群馬にですか。

山田　はい。そこで背負っていたものですね、借金やら、あとレンタカー代やら、すべてぼくのほうで背負ってしまいましたんで、もういい加減返さなきゃなって、三日間くらい放浪したというか、まあ、途方にくれてましたね。で、群馬県内のある新聞屋に応募しまして、その際に色々事情を話したら、あの、世界遺産で有名な富岡のほうに紹介されたんです。で、そこのところでようやく落ち着いて、まあ、三カ月の試用期間内だったのですが、まあ、正社員として、まもなくそこで使っていただけるか、いただけないかの瀬戸際で、交通事故を起こしちゃったんですよ。

飯島　ということは、働き始めて三カ月未満の時に交通事故を。

山田　はい。

飯島　新聞配達は自転車だったんですか。

山田　あのー、原付バイクですね。初めてだったんで、おっかなびっくりのまま、慣れない手つきで運転して。

飯島　配達していたんだ。

山田　はい。ですね。まあ、その時に事故を起こしてしまって、何か、その時気がついたら、もう病院の中で、あら、何で俺ここにいるの、みたいな状態でしたね。まあ、それでも、生死の境をさまようまで、何でここにいるんだろうっていうのが、ずーっと続いてましたね。

飯島　まだ、正社員にもなっていないあなたが、仕事中に事故を起こした、雇用してくれた人とかは？　保険は？　あとはもちろんご両親にも連絡がいったのかな？

山田　ええ、連絡は行きましたね。まあ、当然、何かもう、見捨てられたも同然だったので、でもう、誰も来やしないだろうってぼく思ってたんですよ。まあ、でも、それどころか、連絡を受け取った際に何か、父親ではなく、真っ先に母親が飛んできてくれたって言うんで、やはり、三日三晩心配してそばに居たんだ、と言ってましたね。退院する間際にも、自分はもう家にいるのは嫌だってことを、病院のスタッフにも話してましたんで。

飯島　そうなんだ。病院でも、かなり足がひどかったんですよね。リハビリしてたのかな。

山田　ええ、リハビリもしてまして、太腿だけではなく、そうですね。弁慶とふくらはぎ、足首も脱臼し、まあ、骨折だけではなく、抜けちゃったんです。今でもちょっとここに後遺症で、感覚麻痺がありますけど。でそれでですね、リハビリが終わるまで、その新聞会社のところで寮を借りて、ずっとリハビリを続けさせてもらえるようなところまで行ったんですよ。

飯島　素晴らしく面倒見のいい方に、そこで出会っているんですね。

山田　ええ、ですね。それで、ぼくの人生何だったんだろうって思いながらリハビリしていたある日、あの、障害者の手帳をとってみないかっていう話が出たんですよ。

飯島　誰から出たの。

山田　母親からなんですね。もう、そこのところで、今でも心に残っているっていう一言がですね、ずっと、もうやってきて、仕事だってうまくいかなかったし、今のこの状態も、もう見ていられないって涙ながらに話したんですね。やっぱ、それ今でも残ってるんですよ。でもまあ、手帳取るまでは、自分の心のなかが整理がつかなかったんですよ。なんせ今まで、バカだのチョンだのってさんざん言われ続けた上に、さらに障害者の烙印まで押されるのかって。

飯島　うーん。

山田　それこそ、まあ、ぼくの人生何だったんだろうって、余計に落ち込みましてね。ですけど、将来的にそれを持っていれば、きっと助けてくれるんだからっていう言葉をいただき、まあ、その言葉をいただいたのは嬉しかったんですけどね。

飯島　助けてくれるんだからって言ったのは誰ですか。

山田　母親が、最後にちょっと付け加えてくれたんですよ。

飯島　うん。で実際手帳を手にして、で、一番初めのつながりが、「かりいほ」だったわけですね。

山田　はい。そうです。

飯島　あまり時間がないんだけど、手帳を手にした時の、山田さんの気持ちはどうでしたか。

山田　そうですね。あの時の気持ちはですね、やはり今まで、ずっと仕事にしても何にしても、失敗してきたのはそのせいだったのかなって。なかなかそれを、自分の中で飲み込むっていうのも、やっぱ時間がかかりましたけど、やっぱりそのせいだったのかなって、改めて思いましたね。

飯島　うん。それで紹介されたのが、「かりいほ」ですね。「かりいほ」に初めて行ったときの思いを、ちょっと最後に語ってください。

山田　これも、まあ、死にぞこないの人間が来るのにはふさわしいところだなって、最初は思ってたんですけど、それが段々とですね、まあ、私みたいに周りに理解されないで来た人間とか、いろんな言動が原因でもう、地域にいられなくなっちゃったとか、さまざまな問題を起こしちゃったって人の集まりだったんですよね。ま、ですけど、そこのところはですね、まあ、色々なんか、未解決のまま来ちゃったって人もいて、その、当時ぼくもそうだったんですけどね。

飯島　そうだね。

山田　はい。まあ、その問題を一つ一つ解決して、また再び地域に戻れるっていう希望も抱かせてくれる場所なんですよ。で、ぼくも一回外に出たんですけどね。（涙）……ごめんなさい。

飯島　いいよ。

山田　外には行ったんですけど、そこの特養のいろいろな問題で居場所がなくなっちゃって、またこの、今の施設に来るようになっちゃったんですね。すいません。

飯島　大丈夫です。時間になってしまったんだけど、山田さんのこれからのご予定はなんですか。

山田　予定ですか。

飯島　はい。

山田　いまは施設の中で色々な、洗濯などの仕事もさせていただいていますが、将来的にはまた外部実習にも出て、でさらにですね、そこの外部実習が成功するかどうかわかりませんが、郵便配達なんかもしてみたいなと思っています。

飯島　はい。こんな形ですが、午前中の山田さんの語りを終わらせていただきます。ご清聴どうもありがとうございました。

山田　どうもありがとうございました。

石川　どうして彼が大声を出して暴れ殴るのか、まったくわかりませんでした。だけど彼は一生懸命にやっていました。やっているのに、いろいろと言われる。それがずっと続いてきたわけです。それで、自分はだめなんだ、と思いつづけてきた。駄目だ駄目だと言われてきた世界を、なんとか、バラ色にはできないと思いますが、しかたがない、これでいいんだ、自分はこれからこうやってやっていけばいい、彼自身がそういう思いにたどり着かないと、これからの人生は大変だろうと思います。だから私は、彼自身が自分の言葉で、自分の人生を語るなかで、これまでのことはいいから、これからいい人生を生きていこうとするような〝自分の物語〟を作りだせればと思っています。

I　当事者が語る「納得」の世界

「かりいほ」当事者▼川井さんの自分語り（仮名・女性・三十代）

［聞き手：飯島恵子］

生い立ちのこと

飯島　はい。それでは、午後の部です。お昼ご飯で遅くなってすいません。なんか、すごく肩に力入ってるんですけど、大丈夫ですか？

川井　ハハハハ。

飯島　何か嬉しいんだか、悲しいんだか辛いんだか、よくわからない笑顔なんですけれども、一時間半、じゃあ、お願いしますね。

川井　はい。

飯島　どこで生まれて、どんな女の子だったのか、自分のペースでお話してください。何年に生まれ、今何歳かもわかるように。差し支えなければ。

川井　はい。えっと。

飯島　いつ、どこで生まれたの？

川井　昭和××年×月××日生まれで、〇〇の〇〇で、生まれました。

飯島　どんな家族だったんですか？　家族構成は。

川井　えーっと。

飯島　ご兄弟は？

川井　兄弟は、お兄ちゃんと、お姉ちゃん。

飯島　お兄ちゃんがいて、お姉ちゃんがいて、川井さん。三人兄弟で一番下。

川井　はい。

飯島　そうか。あ、名前を言うのを忘れていました。お名前どうぞ。

川井　えっと、川井といいます。よろしくお願いします。

飯島　それで、物心ついたとき、どんな家族でしたか？
川井　物心ついたとき……。
飯島　記憶があるのは、どんなお母さんと、どんなお父さんでしたか。どんなお兄ちゃんとお姉ちゃんでしたか。
川井　みんな優しい。優しい家族でした。
飯島　末っ子ですから、可愛がられましたか。
川井　はい。
飯島　そうなんですか。その次をどうぞ。お願いします。
川井　はい。えーっと、生まれてすぐ、まあ、なんだろう。○○にある○○学園で、どれくらい入ってたかどうかは、よくまあ、記憶はないんだけど、そこにいて、多分、三歳ぐらいに△△市に来て、北保育所にいました。
飯島　その途中の○○学園ですが、そこって何だろう。地名ですか。
川井　地名っていうより、学園っていうか、小さい人が入っているような。
飯島　人が行ってるところ？
川井　じゃないかなと思うんですけど。
飯島　そこにあなたが入っていたんですか。
川井　あ、はい。
飯島　記憶がないのに、どうして知っているんですか。
川井　何か、あの、聞いた話ではそういうふうに。
飯島　保育園に入園が三歳だとすると。
川井　二歳か、一歳ですかね。
飯島　未満児さん保育みたいのに、行ってたのかな？
川井　はい。
飯島　それは、お母さんもお仕事をしていたからですか。
川井　多分そうじゃないかなと思いますけど。
飯島　保育園の記憶ってありますか？
川井　記憶……。なんだろう。みんなと遊んでた。
飯島　先生の名前とか覚えてる？
川井　先生の名前、覚えてません。
飯島　私もみんな忘れちゃうんだよね。
川井　でも、二、三人いたことは覚えてますけど、名前がよく覚えていません。
飯島　じゃあ、保育園では楽しく遊んでました？
川井　はい。
飯島　家族一緒で？
川井　はい。
飯島　そのあとは小学校ですね。
川井　小学校は同じ△△市にある△△第六小学校。
飯島　第六小学校。

川井　でした。
飯島　どんな子どもでしたか。自分のことを、今から見てというか、思い出があれば。
川井　よく遊んで、よく勉強して、友人と遊んでっていう、普通の子でした。
飯島　そうですか。よく遊んで、よく勉強して。どんな遊びをしていたのかな。
川井　その、っつーか、グラウンドで、みんなでドッチボールだったり、サッカーだったり、野球だったり。遊ぼーって言われたら、いいよって。
飯島　スポーツ系ですね。
川井　はい。全部スポーツ系ですけど、
飯島　全部スポーツ系なんですか。勉強のほうは？
川井　勉強のほうは、うーん、まあまあ、できてた。
飯島　まあまあ、できてた。どんな科目が好きだったの。
川井　体育。
飯島　間髪いれずに、そうですか。はい。本当にあの、楽しく遊んで、楽しく勉強して。
川井　はい。
飯島　友達とも仲良く。
川井　はい。

児童養護施設に入所する

飯島　その次をお願いします。
川井　えっと、小三までは△△にいて、小四の始めくらいに引っ越して、引っ越したのが××市でした。
飯島　△△→××、なんか、ここは大阪だから、皆さんが、何となくイメージできたかなって思うのですが、中央線沿線で動いたという感じですね。
川井　えっと、中央線と京王線。
飯島　東京に近づいてきたか、という感じですが、どうして××に引っ越したんですか？
川井　何か、お父さんとお母さんが別れた。
飯島　別れた。
川井　別れた。
飯島　小学校三年生の川井さんは、そのことには、気づいていたんですか。ケンカですか。
川井　気づいてました。
飯島　ずっと仲が悪かったの？
川井　仲悪かった……、でしたね。
飯島　どんなふうに。

川井　どんなふうに。……家で何か物を投げてた。なんか物音とか、大きい声で怒鳴ってたりしてた。
飯島　お父さんとお母さんが？
川井　はい。
飯島　そうか。川井さんが八歳か九歳くらいだよね。
川井　はい。
飯島　どんな気持ちで見てました。
川井　止めるにも止められないし、かと言って、なにか言うわけにもいかないし。
飯島　なにも言うわけにいかなかった。
川井　はい。
飯島　お兄ちゃんやお姉ちゃんは、どうしていましたか。
川井　あっちで遊ぼうとか言ってたから、その場にはあまり行かなかった。
飯島　大人たちの邪魔をしたらいけないみたいなことが、あったのかな。
川井　はい。あの、雰囲気っていうか、なんて言えばいいんだろう。オーラがあったですね。
飯島　争っているお父さんとお母さんのそばには、子どもたちは近づかない。
川井　はい。子どもは黙ってろ、みたいなことをよく言うお父さんとお母さんがいるから、あーそうなんだって。
飯島　あー、じゃあ、実際にそう言われてもいたわけですね。
川井　はい。
飯島　そうか。子どもは黙ってろって。で、気がついたら××に引っ越していき、別れてた。
川井　まあ、そうですね。
飯島　お父さんとお母さんは別れたけど、川井さんは？
川井　初めは何か、さみしいなっていう気持ちはあったけど、まあ、あの二人が決めたんだったらいいのかなって。
飯島　うーん。まだ九歳ぐらいの川井さんが。
川井　はい。
飯島　二人が決めたんだったらって思った。
川井　いいんじゃないですか。
飯島　いいんですか。でも、子どもが三人いたんですよね。
川井　はい。
飯島　お父さんとお母さんが別れたあと、子どもたち兄弟はどうしたの。
川井　うーんと、お姉ちゃんはお父さんのほうに。
飯島　お姉ちゃんはお父さんに。
川井　お兄ちゃんは自分でなんか暮らすって、出てどっかに行っちゃったし。

飯島　お兄ちゃんはそんなに年が離れてたんですか。

川井　年で、もう何かここにはいないってことを言ってたから、

飯島　で、あなたはまだ九歳ぐらいだったと思うんだけど、お兄ちゃんは何歳だったんですか。

川井　じゅう……

飯島　中学校は卒業していたの？

川井　うん。まあ、してましたね。だから、結構、年も年で、みんなバラバラだったんで、でも、下は下でまあ一番下。下だったんで。

飯島　だから、みんなから本当に可愛がってもらっていたということが、思い出にあるんですね。

川井　はい。

飯島　じゃあ、お姉ちゃんはお父さん。で、あなたは？

川井　はい。お父さんのほう。

飯島　そうか。じゃ、お父さんと暮らしていたの。

川井　いや、その時は、××市にある、まあ児童養護施設っつったらいいのかな？　そこに入ってました。

飯島　一〇歳ですよ。

川井　一〇歳のときに、入ってました。

飯島　一〇歳。小学校四年生のときに。

川井　はい。

飯島　川井さんは、××の児童養護施設に入った。そうか。お父さんは一緒に暮らすことが、ちょっと無理だったのかな。

川井　多分そうじゃないかなって思うんですけど。

飯島　施設に入ったって言うけど、そこに入るときの手続きとか、入るときとか、お父さんと一緒に行ったの？

川井　手続きまではお父さんとやって、そっから入って。慣れるまではちょっと時間かかって、結構不安でしたね。

飯島　養護施設は、子どもたちばっかりなんだよね。

川井　そうですね。下は幼稚園から、上は高三まで。

飯島　うん。そうですね。一八歳までしかいられないんでしたっけ。

川井　はい。基本は一八歳なんですけど。

飯島　小学校四年生の川井さんは、その児童養護施設に移り住んで、また知らない学校に転校したわけですね。

川井　そうですね。今度は××市の第五小学校でした。

飯島　小学校に通う時も、養護施設の子どもたちは一緒に通うのかな。

川井　まあ、集団登校だったり、あるいは、自分で行って

戻ってきてっていう人も何人かいました。

飯島　養護施設にずっと暮らしていて、寂しくなかったですか。

川井　寂しかったですね。

飯島　それから、なにか気持ちの変化があったのですか。

川井　まあ、年に二回から三回は、帰省とか外泊とかあったんで、そこで、お父さんが何回も迎えに来てくれたんで、全然、そっから会ってないっていうわけでもないんですけど、それがなかったら、多分、嫌だったかなって思います。まあ、全然会ってないっていうことではないんです。

飯島　はい。

川井　短い期間、外泊してみようかって。気分転換的なんですけど、要は。職員さんが考えてくれて。

飯島　お父さんと会うと、どんな感じでした。

川井　うーん。まあ、久しぶりに会って、久しぶりに（涙）……。

飯島　大丈夫かな。

川井　はい。あと、お父さんと会ったときは、あの、ほっとしたっていうか、よかったっていう。嬉しかった。

飯島　うん。本当に我慢しているからね。お父さんに会うとき、川井さんが駆けてって、お父さーんって、抱きつくみたいな、そんなことはあったの。

川井　うーん。まあ、あったかな。

飯島　あったかな。そうか。ごめんね。思い出させちゃったね。一〇歳だもんね。そういえば、お母さんとはその時から会えていないんですか。

川井　はい。

飯島　全然？

川井　いや、全然っていうわけではないし、時々会ったりはしてたかな。

飯島　養護施設に幼稚園から高校生までいて、色んな仲間がいて、楽しい思い出とかはありますか。

川井　よく、小さい子の面倒を見たり、後はなんだろうな、みんなとやっぱり遊んだりはしてましたけど。

飯島　面倒見がいい人だっていうのはなんとなくわかりましたね。みんなさみしい思いをして集団で暮らしていて、中には、親とまったく会えない子もいたでしょうし。いじめとか、喧嘩なんかはどうですか。

川井　まあ、外泊できる人は、何か外泊してたけど、そうでない人も中にはいたから、あんまり、自分は言わなかったけど、寂しさも多少あったかな。

飯島　すごく周りのことを気にかけていたのね。

川井　はい。そうっすね。
飯島　ごめんね。なんか今日は、いっぱい溜まってたものが溢れそうで。
川井　はい。

特別支援学校の中等部へ入学

飯島　じゃあ、一〇歳から少し大きくなっていこうか。中学校。
川井　中学校は、まあ、〇〇の〇〇養護学校でした。
飯島　〇〇養護学校ですか？　ここから急に、中学校から養護学校になったんですか。小学校時代は、特別のクラスとかではなくて……。普通学級？
川井　そう普通、普通学級。
飯島　それって、本人はどうでしたか。
川井　なんだろう。まあそれは、その、学校の、小学校の先生と、えーっと、えーっと、なんだ？
飯島　養護施設の担当者？
川井　と、話して、そう、面談。
飯島　あなたも入って？
川井　三人で面談して、何か、じゃあ、学校、ちょっと見学してみようかって。
飯島　学校を見学してみようか。はい。
川井　そっから始まったんですけど。
飯島　うん。何で私だけって思わなかった？
川井　初めはそう思いましたけど、何か、いまいち理解ができてなかったのかなって。その時に、そう思ったんですけど、入れるか入んないかは、まあ、ちょっと様子を見てから決めましょうっていうふうに言われたんです。
飯島　それは覚えているのね。
川井　はい。
飯島　でも、入れるかどうかよりも、川井さん自身は、みんなと一緒に中学校に行きたいって思わなかったんですか。
川井　本当はそう思ってたんですけど。何でかなーっていう思いがありました。
飯島　小学校で好きな科目は体育で、ソフトボールにサッカー、野球か、ドッチボール。いっぱい活躍していたから、中学校でも部活動をやりたいって思っていたのかなって。
川井　はいそうと思ってたら、何か違うんで、ちょっとビックリし、ビックリと焦りがありました。
飯島　ビックリと焦り？　焦った？　どうして。
川井　いや、こっちの道なのかなって。普通だったら中学校とか普通に行くのに何でこっちなのかなって。よく理解し、まだできてないまんま、ちょっと見学して、一週間くらいで、ようやく決めて。

飯島　決めてって、誰がですか。

川井　担当者と一緒に、どうするのって言ってたから、じゃあ行くっていうことになって。

飯島　川井さんが決めたわけですね。

川井　はい。はい。

飯島　どうでした、行ってみたら。

川井　行ってみたら、何かみんなが優しく、先生は先生で優しかったし、友達も結構すぐにできました。

飯島　一学年は、どれくらいの規模でしたか。

川井　一クラスに何人いたかな？　二〇何人だったかな。一〇人から一五人かな。だから、それを三クラスです。

飯島　三クラスっていうのは一学年？

川井　一学年に三クラス。

飯島　そうか。すごくアットホームだね。で、優しい感じなんだ。

川井　まあ、そう。

飯島　何か困ったことは？

川井　小学校の時に？

飯島　はい。イジメられてるとか、勉強が難しすぎるとか。

川井　あー。五、六年生になったときから、もう、ちょっと難しいなっていうのが。

飯島　勉強が？

川井　はい。

飯島　何の科目が苦手だったのかな。

川井　算数。

飯島　算数。そうか。

川井　ですね。算数はあんまし好きじゃない。

飯島　好きじゃなかった。でも、養護学校の話が来るのは意外だったわけですね。

川井　意外でした。

飯島　それからもう何年たつんだろう。今、何歳だっけ。

川井　今年で、いま、三三ね。

飯島　で、養護学校の三年間は、どんなことをしたんですか。

川井　うーん。やっぱりまあ、どこも学校は勉強とかあるけど、その学校もやっぱり算数とか体育とか、国語とか、音楽とか、まあ、普通ったら普通なのかな。うん、普通に勉強でしたね。

飯島　その他に学校で楽しんだことは。

川井　学校で楽しんだこと。まあ、体育祭とか。
飯島　体育祭。部活動はなかったの。
川井　部活ありましたよ。何だっけ。第一希望と、第二希望があって……。
飯島　あ、そうか。中学校入ってからのクラブ活動ね。はい。第一希望はなんだったの。
川井　ソフトです。
飯島　ソフトボール部。
川井　はい。
飯島　第二希望は。
川井　バスケでした。
飯島　バスケ。どっちの希望が通ったんだろう。第三希望はなかったんだ。
川井　第三はなかったです。なんかはじめはソフトを選んだ。選んだんだけど、何か、部員が一人足りないっていうことになって、何か急遽、両方やることになった。
飯島　部員が足りないのはバスケのほう？
川井　バスケのほうが一人足んなくて、なんか……。
飯島　どっちも有力選手だったのかな。
川井　たぶん。先生方が見て、あ、これだったら使えるんじゃないのって。
飯島　スカウトされた。
川井　うん。嫌だと断ったけど、まあ、一人足りないんだったらいいかなって。だから二つのクラブ、掛け持ってました。
飯島　大活躍だね。
川井　はい。
飯島　その頃に鍛えた体が今も役に立っている。
川井　はい。

ソフトボール投げの全国大会へ

飯島　ここらで、是非あのアピールをどうぞ。ソフトボール投げ。突然だけど。
川井　あっそっか。
飯島　ソフトボールの記録をお持ちですよね。
川井　あっはい。そっか。去年の、何だっけ。
飯島　全国大会はいつでした。
川井　三年前に、岐阜の、岐阜でまあ、初めて全国大会に出たんですけど、ソフトボール投げは三位でした。取りあえず、取りあえず三位でした。（拍手）。ありがとうございます。

飯島　あれから二一年経っても、ソフトボールの腕が続いていて、相変らず、体を動かすこと好きですよね。
川井　ですね。何か、小さい時からもう本当にスポーツが好きだったんで。からだ動かしてると、何か一番落ち着く。
飯島　一番ですか。私が初めて「かりいほ」に行き始めた頃、あなたとキャッチボールをしましたね。
川井　はい。
飯島　ボールがシュファーって来るんですね。私も元ソフトボール部でキャッチャーだったんですけど、野球のボールでキャッチボールすると、すごいんですね。ほら、国際医療福祉大学のチームと、「かりいほ」チームが野球の対戦していた時代ですね。
川井　そうです。
飯島　あなたがピッチャーで。
川井　ピッチャーでした。
飯島　若かったね。
川井　わははははは。
飯島　相手がいなくなったんで、できなくなったけど、今、すごくやりたいんじゃないですか。
川井　はい。実はやりたいんです。
飯島　そうだよね。ちょっとでもからだを動かしていると、一番快調だっていうか、落ち着くっていうか。じーっとしているよりは、はるかにいいですよね。
川井　はい。じっとしてるのはもう、昔からいやで、何か落ち着かないっていうか。
飯島　今のお仕事も後でお聞きしたいけど。広い農場で、動き回っているんですよね。
川井　そうです。
飯島　じゃまずは一二歳で、中学卒業が一五歳。中学時代の思い出はどうでしょう。どんな女の子だったの。
川井　うーん。何だろうな。まあ、特にイジメもなくて、喧嘩もなくて、まあ、みんなと遊んでたり、遊んでたりとか何だったっけな。
飯島　何かいっぱい消しちゃってることがあるね、記憶で。
川井　記憶があんまりない。
飯島　そうだよね。
川井　思い出せません。
飯島　さっきの、抱えきれないくらい寂しいっていう話があったでしょ。
川井　はい。
飯島　自分も寂しかったでしょうけど、いろいろな子を見ていた。

川井　そうですね。まあ、やっぱり、一〇代くらいになって、そのときは、普通に落ち着いてましたね。
飯島　周りに気を使う人ですからね。進めますけど、養護学校から通った中学校時代が終わって、その後はどうしました。
川井　その後は高校も繋がってたんで。
飯島　高等部ですね。
川井　高等部。今度は学年が、四クラスになったんで、結構人数も一クラス二五人くらいいました。
飯島　新しい人が入ってきたのね。
川井　そう、そっから入ってきた人もいれば、そのまんま中学部から上がってきた人もいれば、半々で、だからまた新しい友達ができたけど、慣れるのにも大変だったし。そうですね。
飯島　川井さんが慣れるまで大変だったんですか。
川井　そう。自分の名前を言うのも、なんか、なんか嫌だし、どうしようかなって。
飯島　すごく気を使うんですね。
川井　ははは。
飯島　高校時代は、どんな高校生でしたか。
川井　その時からは、学級委員とか、やりました。
飯島　学級委員。
川井　委員。
飯島　はい。まとめる人ね。
川井　長。
飯島　委員長。はい。
川井　副委員長がいて、副委員、副委員じゃねーや。学級委員長で、選ばれて、だから、このクラスは、じゃあ、どういうクラスにしようかとか。
飯島　どんなクラスにしたかったんですか。
川井　明るく楽しいクラスになったらいいなって。
飯島　明るく楽しいクラス。川井さんそのものみたいなクラスですね。
川井　だから、そのまんまのクラスにしようかなって。
飯島　それこそ、あの、いろんな個性の人達が集まって来るでしょ。
川井　はい。
飯島　やっぱり、いざこざとかありがちなんだけど、いじめとか喧嘩は。
川井　その時は、喧嘩も多少あった。けど、何かそれをまとめるのにどうやってまとめるか、ちょっと話を聞いて何でこうなったのって。そしたら、相手のほうから先に手を出したと。じゃあ、本当なのかって聞いたら、こっちは、こう手を出した。何だ、くい、食い違ってねーかって。だから、もっと、冷静になって、ちょっと時間を置いて、実はこうだったって。やっぱ向こうから文句を言ったって。だから喧嘩になったって。あっ、そうって。だから、そうしたらどうすればいいの。普通に聞いて、何か、何て言えばいいの？　まとめるっていうか、それにもう、大変だなって思いました。これは大変だなっーとか、そういう気持ちでいたんですね。

飯島　すばらしいね。学級委員長。喧嘩したら、勝負とかじゃなくて、ちゃんと、その当事者同士に考えてもらって、それってすごく大変だよね

川井　はい。

飯島　時間かかるし、面倒くさいし。

川井　本当は言いたいとこだけど、言ったら、さらに何か大きくなっちゃうし、いつまでも終わんないし。

飯島　川井さん、それをやっぱり、普段の生活の中で学んできてるのかな。

川井　はい。

飯島　いま何気なくはいって言ったけど、それってすごく大きくて、だって、一〇歳から養護施設で、ずっと集団でいるんだものね。

川井　はい。そうですね。

飯島　きっと養護施設の中では、何かあれば先生が来て、指導員さんとか関わるんだろうけど、そういうなかから川井さんが学んできたわけでしょう。

川井　うん。まあ、本当に大変だったら、担任の先生に直接言えばいいんだけど。まあ、学級委員長としては……。

飯島　どうして。

川井　としては、まあ、自分でできることはちゃんとしっかりやろうかなって。

飯島　自分でできることをするっていうことは、その二人にも、自分で考えてっていう形をちゃんと作ったんだね。

川井　あ、はい。

飯島　そうですか。そんな川井さんが、何か辛いことはなかったんですか。

川井　苦しいこと……。やっぱり、本当は、学級委員とかあまりやりたくなかったけど、でも、みんなが推薦してくれたから、それにちゃんと、あの、推薦してくれたんだったら最後までやろうかなって。そのプレッシャーと。

飯島　プレッシャー？

川井　ははは、プレッシャーと緊張感から、いつもいっぱ

いいっぱいでしたね。

飯島　今日もいっぱいいっぱいなのが、わかるね。責任感強いから、無理して頑張っちゃった。でもやってみて、まあ終わって、どんな気分でした。

川井　やっぱり、終わって、まあ、何だろう。ちゃんと自分でもやり遂げたなって思った。

飯島　そう思った。はい。頑張ったなって。良かったね。

川井　はい。

飯島　そうか。まあ、一〇歳からそうやって、養護施設から養護学校中等部、高等部に通い、川井さんの中で事件っていうか、ドラマっていうか、そういうものはなかったんですか。まあ、お父さんとたまに会ったり、お母さんともたまに会ったりしてたんでしょうけれど。

川井　はい。会ってたけど。

飯島　川井さんだけ、ずっと一人でそこに居たんだよね。

川井　はい。

飯島　お父さんも一人だったのかな。

川井　たぶん。お姉ちゃんとお兄ちゃんは出て、働いてたから、たぶんそうだったと思ったけど。

就職するまで

飯島　じゃあ、高校卒業しましょうか。

川井　あ、はい。

飯島　はい。その頃は？

川井　まだ、あの、就職活動がまだ決まってなくて、ちょっと、本当は一八で出る予定ではいたんですけど、二年間、ちょっとおいてもらって。

飯島　二年間。

川井　はい。二〇までおいてもらって、その間に就職活動を、決めてたんですけど。

飯島　普通は一八だよね。

川井　本当は一八なんですけど、ちょっと、事情があって、まだ、就職がまだ決まってないんで、決まるまでおいてもらえますかって。

飯島　でも、それってすごく大事なことだよね。一八なんだから養護施設を出なさいって言われてもね。

川井　はい。

飯島　頼れる親もなく、収入もなかったから、住むところもないよね。

川井　そうですね。であの、○○市内にあるハローワークで、働きたい場所はありますかって聞かれたから、ちょっと今のところないって言ったんです。
飯島　特別な希望はないっていうこと？
川井　はい。で、何か、ま、やりたいことと、その場所を考えてわかったら、また来てくださいって。
飯島　そうか。要するに、その意味は働きたくないわけじゃなくて、なんでもいいって感じだったわけだよね。
川井　とりあえず、決まればなんでもいいかなって。
飯島　と思ったのね。でも、すごすごと帰っていく川井さん。
川井　はい。だから、職員さんとまた相談して。でも、決まんなかった。
飯島　あー。決まらなかったか。だって、相談にも乗ってくれていないじゃないですか。
川井　一応は、相談してもらったけど、何か、また違うところを探そうって。
飯島　そうだけど、やりたいことを持っていけばいいんでしょ。
川井　そうなんですけど。うん。とりあえずやりたいことかちょっと見え始めたら、もう一回、自分のなかで整理して、こういう仕事もいいなと。なんかあったのが、スーパーだったね。で、スーパーの仕事をやってみたいって言おうかなって思うようになって、もう一回ハローワークに行って、あの、このところにスーパーがあるんですけど、どうでしょうかって。
飯島　そうか。いま、ふと思ったんだけど、卒業してから考えている川井さんがいるけど、養護学校と普通の学校の違いってなにかというと、養護学校は、かなり職業訓練的なことするよね。
川井　はい。
飯島　だから、中等部を出て、仕事に行く子もいるし、あなたは、高等部までいたんだけど、その中で自分がやりたいような作業、仕事、職種みたいなことについて、あまり考える機会はなかったんですか。
川井　機会っつうか、高三になってからは、みんな、就職活動し始めて。
飯島　だから、就職活動っていうことと、自分が何ができるか、何がしたいかっていうことは、何か違うような気がするんだけど。
川井　その時は、全然考えてなかった。
飯島　作業なんかは、どういうことをやってましたか？

川井　作業。何やってたんだろ？　でも、結構みんな、外で働いてて。
飯島　あ、そうだね。研修とか、実習みたいな感じではそうだね。
川井　はい。とりあえず、スーパーが近くにあるから、じゃあスーパーでちょっと働いてみるかって、学校のほうから言われてたんで。じゃあ、はいって言って、実習に。
飯島　実習では行ってるんだよね、高等部の時にもね。だから、実習に行ったときのスーパーとの相性が良ければ、きっとハローワークで、ちゃんと言えたのかなって思ったんだけど。
川井　はい。
飯島　働くイメージは高校卒業しても、持っていなかったんですか。
川井　いや、働くイメージがまだできてなくて。
飯島　ハローワークには、一人で行ったの。
川井　はい。
飯島　行っても、考えてまた来てくださいって言われちゃったわけだね。
川井　はい。
飯島　そうか。すいませんって戻って、スーパーで働くかって思ったら、スーパーの仕事がたまたまあったわけですね。
川井　はい。
飯島　それはあなたが二〇歳のとき？
川井　二〇の春。そうですね。五月一日。
飯島　ということは、高等部を卒業して、二年間たったんだね。
川井　そうですね。ここでようやく就職が決まって、住むところはまだないから、ちょっとまた置いてもらって。
飯島　養護施設から通う。
川井　そうですね。
飯島　近くだったんですか。
川井　スーパーは直ぐ近くでした。
飯島　あ、ほんと。朝は九時から？
川井　朝は、八時から。違うか、九時か。九時から入って、開店が一〇時だから、その前に着替えて、あと何だっけ、今日はこれ出すとか、これがこの値段で行くとか。
飯島　これってのはなんですか。
川井　トマトとか。
飯島　あ、野菜。
川井　野菜、青果。あと果物、あと、何だったっけ。あと、値段表も貼ったり、お客さんが、どこの位置で見やすいかとか考えて、一緒に考えて。

飯島　仕事をし始めたんですね。その後は？　五月ですよね。

川井　はい。そのとき二〇で、スーパーで、青果、あれが半年間。で、今度は部署がまた変わって、お肉屋さん。

飯島　じゃあ、五月から一一月までは青果。で、今度はお肉屋さんのほうへ。

川井　で、お肉屋さんで、新しい場所で慣れなくて、なんか苦しいっちゅうか、慣れないっちゅうか。

飯島　仕事でも辛かったんだ。

川井　辛かったです。で、何だろう。その、やっぱりなんだ、その人たちに、どういうふうに伝えたらいいのかとか。

飯島　その人たちというのは？

川井　働いてる社員。働いてる社員に、なかなか言えなくて。

飯島　青果のときは大丈夫だったの。

川井　青果のときは、まあ、優しいパートの方がいて。

飯島　その方が、川井さんをわかってくれたの。

川井　はい。わかってくれてたんで、まあ、何でも相談はできたんですけど、違うところに行って、部署が変わると、やっぱ気持ちも変わっちゃう。

飯島　人が変わるからですよね。川井さんにとって相談もできない、居心地が悪いところになっちゃった。

川井　すごい居心地悪かった。

飯島　苦しかった？

川井　苦しかった。それで、辞めようか、辞めないかって、ちょっと迷って。まあ、結局その、雰囲気、何か伝わんなくて、やっぱりなんだ、嫌になってきて、辞めますって。

再就職を

飯島　悩んだと思うんですけど、まだその時は、養護施設から通った時ですか。

川井　はい。

飯島　養護施設の担当の方には相談は。

川井　相談はしたんですけど、本当にそれでいいのかって聞かれたから、はいって。

飯島　職場にサポーターが欲しかったね。

川井　そうですね。

飯島　理解者がね。

川井　そう。理解者がいてくれたらなって。

飯島　それで、自分で決めて、自分で辞めるって言ったのは何月？
川井　何月だったかな……。
飯島　お肉屋さんに移ったのが一一月ぐらいだったから……。
川井　二カ月経ったか、経たないかぐらいだった。
飯島　それぐらいしか耐えられなかったんだ。
川井　もう、耐えられませんでした。
飯島　辞めちゃった。
川井　はい。辞めました。何か、今度はどうすんのって聞かれたから。
飯島　誰に？　養護施設の職員？
川井　そう、そんなこと聞かれたから、初めは通勤寮を見に行った。見学しに行ったんですね。そんで、通勤寮は、会社に勤め、寮だからやっぱりみんなとまた集団じゃないですか。そん時になって、うーん、どうかなって。面接会があったんですけど、面接のときに、どうしますか、入りますか、入りませんかって聞かれたんで、そのときに迷ったっつうか、何か答えが出なかったっつうか、うーん、どうしようって、またそこで悩んじゃったんですね。
飯島　いいじゃないですか、迷って。だって川井さんは、お父さんとお母さんが別れた後、ずーっと、××の養護施設にいたんだよね。
川井　はい。
飯島　それこそ集団生活で、個室じゃないんでしょ。
川井　はい。
飯島　通勤寮は一人部屋だったの？
川井　一人部屋のところもあれば、三人、あるいは四人とかでした。
飯島　川井さんが寮に入りますかって言われて迷ったのは、なぜだったんだろう。
川井　その、何人部屋になるのか。一人部屋になるのかが、わかんなかったんで。
飯島　一人部屋だったらよかったんですか。
川井　本当は一人部屋がよかったんですけど、なんか、頭がいっぱいいっぱいだったから、そこは。だから、どうしようかなって思ったけど、やっぱり嫌だって。
飯島　嫌だったんだ。養護施設では、二〇歳のときに何人部屋にいたの。
川井　二〇までは三人部屋。
飯島　ずーっと三人ですか？
川井　ずーっと三人でしたね。

飯島　どんな顔ぶれだったの。年代とか。
川井　年代？　中学生。まあ、自分と中学校の人と小学校の人。バラバラだった。
飯島　ちょっと歳の離れた兄弟みたいな感じですね。
川井　そうですね。
飯島　きっと、面倒見のいいお姉さんやっていたんだろうけど、その川井さんが、個室じゃないと嫌だと言う。悩むほど嫌だったのはなんでだろ。
川井　なんでだろう。その時もやっぱり……まあ、なんでだろうな？　嫌だっちゅうか、やっぱりみんなで、どの人とうまくいくかいかないかは、わかんないけど、とりあえず、何人かとは顔を合わせていたんですけど、なんか見てて、本当に一緒にできんのかなとか、不安とか、そんなのが、やっぱりあったから、あったんで、断ったっちゅうか。
飯島　社会に出て、いろんな人と会ったからかな。養護学校と養護施設の中だけじゃなくて、いろんな人と時間を共有するのが、怖かったのかな。
川井　はい。そうですね。
飯島　断っちゃったんだね。その次は。
川井　次は、あのなんだっけ、○○にある、ま、よくあるグループホームなんですけど。
飯島　グループホームは、個室でしょ。
川井　個室でしたね。で、そこで、その近くにある作業所、……作業所かな？
飯島　お店？
川井　お店？　なんだろう。
飯島　なんか売ってたの。
川井　いや。服とか、カバンとか、雑貨物があって、店長と副店長がいて、でなんかいきなり副店長を任されたんです。
飯島　わかった。グループホームに入りました。まずは入った。
川井　入った。
飯島　入って、すぐ副店長。いきなりですよ。
川井　いきなり副店長って言われたもん。
飯島　でも、ちょっと展開が早いんだけど。通勤寮は複数部屋になるかもしれないって断ったけど、グループホームの話が来た時にはすぐに受けたの。
川井　はい。
飯島　受けたので、養護施設を出た。
川井　はい。出ました。
飯島　引っ越したわけですね。

川井　引っ越した。引っ越して、○○にあるまあ、グループホームに入って。
飯島　仕事に行くと副店長？
川井　副店長。
飯島　どうだった？
川井　えっいきなり？って。いきなり迷いもなしに言われたんで。何か、店長はこの人です。それで副店長を、やってくれますかって頼まれたんですけど。
飯島　副店長って何をやるのですか。
川井　何だろう……。
飯島　ほかに店員さんは？
川井　いました。新人とか、そういうんじゃないの。いきなりあの、なんて言えばいいんだろう。面接も何もないまんま、突然言われたんで、戸惑った。初めは戸惑いました。
飯島　はい。初めだからね。なんで副店長ってなんかしなくちゃいけないんだって。
川井　はい。はい。
飯島　何をしたんですか、副店長は。
川井　副店長は、やっぱり、なんだろう。店長と副店長がいたんで、話して、今日はこれやる。これとあれやるとかって、そういう話があった、まあ、ボードに書いてあるんですけど、そっかつって確認して。で、みんなはその通りに動いて。
飯島　みんなって、店員さんは何人いたんですか。
川井　三人か四人か。
飯島　えー、じゃあ、結構大きいお店じゃないですか。店員さんが五、六人もいたら。
川井　結構大きかったです。
飯島　そうですか。養護施設に一〇歳から一〇年間いて、そこを出て、仕事も始まって。どうでしたか。
川井　うーん。うーん。初めはやっぱり慣れない。どこ行っても慣れない。
飯島　うん。とっても気を使う人だし。
川井　はい。なんだろう。あの、初めはまだ友だちもいないし、相談相手もいないし。
飯島　グループホームに、世話人さんは、いなかったの。
川井　世話人さんはいました。初めは相談乗ってくれてたんですけど、何だろう。何だ、何だ？　えー、難しいな。頼れる人がほとんどいなかった。
飯島　頼れる人がいない。身近にはいなかったの？
川井　うん。だから自分を知ってる、わかってくれる人がいないのかなって、だんだん不安になった。

飯島　不安になった。
川井　はい。なりました。
飯島　不安になった川井さんは、それから、どう変わっていくんだろう。ちゃんとお仕事には行けたの。
川井　初めは行ってたんですけど、途中から、何か行くのが何か嫌だったんだけど。その、嫌だなってことが、どっかにあったなって。
飯島　でも、そこに行かなくて、グループホームの部屋にいることはできるの。
川井　いつもいるっていうわけではないし、なんだかあの、仕事行ったり行かなかったり、ちょっと繰り返してたんですけど。
飯島　さっき、頼れる人がいないって言ったけど、生まれてはじめての自分の部屋、個室持ったんだよね。
川井　はい。そこにもまだ慣れなくて、どうしたらいいのかが、よくわかんなかったんですね。
飯島　どうしていいかわかんないときに、頼る人はいなかった。
川井　はい。
飯島　うーん。それで、どうなったのかな？
川井　結局は、やっぱり辞めたっつうか、出たっつうか、やっぱりもう無理ですって、世話人さんに言って。で、施設に行きますって。
飯島　うん。やっと見つかったグループホームとお仕事が、そして副店長が……残念だよね。
川井　まあ、副店長をもらったのはいいんですけど。
飯島　でも、グループホームを出るって言って、その施設を紹介されたのはどうしてなんだろう。
川井　はい。まあ入所。短期入所でもって入って。
飯島　住所もなければ、おうちもないわけだもんね。
川井　はい。
飯島　で、施設に行った。
川井　行きました。
飯島　そこはそれこそ、たくさんの人がいたんでしょ。
川井　それはまあ、寮が集まって、男子寮、女子寮、何だったっけ。別寮。その寮が集まって、とにかく寮に入ろうってことになって、そのまま寮に入ったんですけど。イメージでは、同じ世代の人がいるのかなと思ったら、そうでもないし、みんな結構年上の方っちゅうか。
飯島　年上の人多かった？
川井　はい。で、利用者さんっつうか、職員さんに、困ったときはどうしたらいいんですかって。

飯島　ちゃんと聞けたの？

川井　はい。そしたら、これはこうやったほうがいいんじゃないのかって。後は、職員さんだったら、何でも話せるんですね。

飯島　そうなんだ。さっきの世話人さんはダメだったけど、まあ、ダメっていうか、施設の職員さんは聞いてくれる。

川井　聞いてくれました。

「かりいほ」へ入所

飯島　聞いてもらって、そして？　短期入所だから、ずっといるわけにもいかないんだよね。

川井　はい。

飯島　その辺りのことも、相談していたのかな。

川井　その辺り？　もしここを出ることになったらじゃあ、次はどうするのって。

飯島　どうするのって、向こうから言われたの。

川井　そう。今度はやっぱり、もう、本当はまた行ってない、××市の何だろう？

飯島　障害福祉課か何かに行ってってっていうこと？

川井　福祉課で、あ、なんだ。うーんと、何だっけな。んと、何だっけ。

飯島　専門用語じゃなくてもいい、と思うけど。入所の手続きみたいなことをしたわけですね。

川井　入所の手続きをやるって言われて、どこでって訊いたら、初めに言われたのが、「かりいほ」だって言われてしまった。

飯島　もう、そこで「かりいほ」が出てくるんだ。

川井　はい。

飯島　でも、何で「かりいほ」なんだろう。

川井　何だろう、初めは見学して、こういう所ですってなんっていうの。福祉事務所の担当の人と、初めに、「かりいほ」に見学に行って。

飯島　行ったんだ。東京から「かりいほ」まで、新幹線だったの。

川井　車。

飯島　あー、そうでしたか。でも、ずっとね、△△、××辺りにいたから、「かりいほ」に初めて着いたときには、どうでしたか。周りの景色を見て、どんな感じでした。

川井　えー、ここ山だよねって。山の中って聞いて、どういうことだって。何か本当に山の奥で。ここ、どこって？

飯島　そうか。それで、もうちょっと訊くとね、養護学校を出てから就職が決まらなくて、二〇歳まで養護施設においてもらって、いろいろあってグループホームに入った。それなのに、そこを出てしまった。

川井 ま、出てきた。

飯島 何かあったのかな。

川井 いや、何かあったっつうよりも、何か、とにかくなんでみんなが自分のことをわかんないんだろうって。わかってくんないんだろうって。

飯島 私のことを、みんなわかってくれない。

川井 そう。それが嫌で、悩んで、行くところもないし、住む場所もないし、じゃあ、「かりいほ」に行こうって。まま、見学でもいいからって。まあ、石川（施設長）さんと面談から入ったんですね。面談をして、石川さんと話したけど、そのときは、石川さんの目を、まあ直接こうやって。今は、大丈夫です。今はできるんですけど、その当時はできなかった。

飯島 石川さんを、見られなかった。

川井 はい。

飯島 そうか。さっきね、なんでみんなが私のことをわかってくれないんだろうっていうのが、二〇のときの川井さんの思いですよね。だから、「かりいほ」に来ちゃったんだよね。

川井 はい。

飯島 ちょっと端折ってありますけど、端折ってあるのは、言いたくないんだ。

川井 言いたくないって言うか、何だろ？　うーん。

飯島 何で「かりいほ」に来るんだろうって、思っちゃいますよね、普通。

川井 それはそうだけど、やっぱり、うーん。

飯島 すごくいっぱい感じたよ。なんで私のことわかってくんないのって。

川井 一番はそうなんですけど。

飯島 そのときに川井さんが、どんな行動をしたのかな。

川井 わかりづらいっていうか、まず、人と話すのがあんまり、そのときは得意じゃなかったんですね。で、話さないから、わかってくんない。それはそうなんですけど、何だろうな？　人に話しても、あまり理解してくんないのかなとか、こういう、自分がこういう人なんだっつっても、理解できないのかなとか、そういう思いがやっぱりあったんで、何を、どうしようって。

飯島 さっき話してくれたけど、頼りにする人いなかった。また、養護施設を出てから、辛かったんだって。

川井　はい。辛かった。「かりいほ」に来た人たちは、やっぱもう地域に居られないから、じゃあ、「かりいほ」に行こうっていうことになってる。石川さんと面談をしたんですけど、その時にやっぱり石川さんの顔を見れなかった。

飯島　それはどうしてなんだと思う。

川井　何か、そこでその時からもう、人と関わるのが面倒くさいっていうか、気使うのが面倒くさい。嫌だ。

飯島　ということは、その前にあったことが、そういう思いにさせたわけでしょ。

川井　ですね。そういう経験があるから。何かその当時、誰も信じられないっちゅうか、初めは何か、顔を見るのも嫌だし、話すのも嫌だし、どうしようかなって。

飯島　そんなふうだった川井さんが、いまこうやって、みなさんの前で話してくれるようになった。これってすごいな、と思うんだけど、ただ、突然話が「かりいほ」だってなるので、何かあるのかなって思うよね。でもそこは、川井さんの中で一番辛い部分なんだろうね。で、「かりいほ」に来てからの川井さん、何か暴れてたっていう噂を聞くんですけど。

川井　はい。暴れてました（笑）。

飯島　ははは。その辺りも、何でもう暴れなくなったんですか。

川井　暴れなくなった。あ、まず、暴れてたっていうことだけど。その当時は、まあ説明しますと、その当時は、あの、まだ、テレビ表が、各部屋にテレビ表っていう紙があって、何時までは自分の時間とか、だれの時間とか決まってたんですけど、（同居する）その人が、自分の決めた時間を勝手に見てて、で、それさって、本人に言ったんですね。なぜ見てんのって。したら、相手は見てないって言う。

飯島　そう言ったんだ。

川井　一回目は、まあいいやって、適当にちょっと流しといて、二回、三回目ぐらいから、ぷつんとキレはじめた。

飯島　キレるとどうなるんですか？

川井　職員も呼ばずに、その人を殴ってた。

飯島　殴ってたんですか。

川井　もう、我慢ができなかった感じ。何か言う前に手が出て。手が出るっていうか。なにか言う前に、手で殴ったほうが早いのかなって。

飯島　殴ったほうが早い。

川井　そう。二一歳から、まあ、二〇から二一の間ぐらいは、ずっと暴れてました。

飯島　そうだったんだね。そんな方が、「かりいほ」でソフトボール投げに転じて、選手になったわけですから。そろそろ最後なんですけど、今日語ってくれたことは、頼る人がいなかったとか、だれも私のことわかってくれる人がいなかった、苦しかったたっていうことは、すごく大事なことだよね。

川井　まあ、はい。

飯島　いまは、気持ち的にはどうですか。

川井　気持ち的には、何だろう。まあ、一人でも多くの人に、自分の気持ちがどんだけ伝わったかなって言うか、きょうは、自分の気持ちが素直に言えた。言えたことが、やっぱり一番良かったかなって。

飯島　さっき、学級委員長をやって、もめてる人たちをちゃんと仲裁できる川井さんだったんだよね。それできていたのに二〇のときに、人を殴ったりし始めちゃう。

川井　それにたぶん、耐えられなかったのかな。なんか、苦しい。ずっと苦しい、でした。

飯島　ずっと苦しかった。

川井　苦しかった。

飯島　施設でいいお姉さんをしたり、学級委員長として頑張っていたときも、ずっと苦しかったんだ。

川井　そう。

飯島　そうかあ。そうだったんだね。今日は、川井さんの新しい蓋が、開いちゃったね。

川井　そうっすね。

飯島　うん。

川井　あんまり、言えないっちゅうか、何だろうな。

飯島　ありがとうございます。川井さんも、かっこよく終わりたいかなと思うんで。

何か、最後に、聞いてくださったみなさんにお話ができれば。

川井　うん……。

飯島　何も言わなくても、みなさんに伝わったと思うけど。

川井　はい。まあ、何だろう。言葉が出てこないんですけど。

飯島　今日ここまで話してきたものは、みんなに伝わったかなと思うから。いいですよ。はい。

川井　まあ、一人でも多くの人に伝えられて、今日は本当によかったんですけど。今日ありがとうございました。

（拍手）

石川　川井さんは、最初に「かりいほ」に来たときに、横を向いて私の顔を絶対に見ませんでした。見られなかったのだと思います。にこにこ笑っているんですけれど、顔が九〇度、横を向いている。そういう状態で「かりいほ」に来ました。何か言葉にできないものを抱えていたのだろうと思います。

Ⅱ　当事者の「自分語り」を聴く

人生の了解と納得をどうつくるか

西　研

二人の「語り」からの感想

皆さんも同じだと思うのですが、山田さんと川井さんのお話を聴きながら、いろいろなことを感じました。山田さんの話を聴いていると、素朴な感想になってしまいますが、すごくいじめられていますね。学校時代、いじめられていることに気づいてくれる先生もわずかにいますが、「お前にも悪いところがあるんだろう」と取り合ってくれない先生もいる。結局いじめられる一方になっている。お母さんは山田さんのことを大事に思ってくれていて、それが救いかなと思うのですが、お父さんは「なんで自分の息子はこんなダメなんだ」という態度でまったく理解がない。だから学校でも家でも安心できない、そういうしんどさがあったのだろうと感じます。山田さんの口から「なんでなんだ」という言葉が何回か出てきましたが、本当にその言葉通りの、不条理というか怒りというか、そんなことを感じてこられたんだろうと思いました。

これは石川さんから伺ったことですが、山田さんはこの取り組みを始めた最初の頃はお父さんの話をされなかったようですね。たぶん人は、自分でも見たくないことや考えたくないこと、思い出したくないことをそれぞれもっていて、それはなかなか語れないようなものなのですね。でも山田さんは、この語りの会を続けるなかで、お父さんに対して持っていた恨みのような気持ちを出せるようになってきた、と石川さんはいいます。飯島さんに丁寧に言葉を受けとめてもらいながら、だんだん自分のなかの見たくない気持ちに直面したり、それを人に対して話せたりできるようになってきているんだな、と思いました。

川井さんとも昨日一緒に新幹線で来ました。私の体調があまりよくないこともあって、それほど話をしてはいないのですが、気さくで明るい方で、学級委員に選ばれたというのもなるほどと思います。明るさと人懐っこさをお持ちのその川井さんが、しかし石川さんと最初に会ったときには、顔はニコニコしながら顔は九〇度横に向いていた、と聞きました。身体では精一杯拒否している、という状態だったのでしょう。そこまでいくのにどういう人生を過ごしてこられたのか。

ご両親といっしょに暮らすことができないなか、養護施設では、がんばっていいお姉さん役をしないといけなかったのかな、と思いました。いつも、にっこりしていて面倒見がいい、そういう役をしてこられたのかと。

また、仕事に出ることになったときに、だれかが話を聞いてくれたり、周りに支える力がほんの少しあるだけでだいぶ違ったのではないか。人間は社会的な活動の領域と、家庭という領域と、両方あって生きているわけですが、グループホームが家庭代わりになってそこに話を聞いてくれる人がいたり、また職場のなかに川井さんのことを気に懸けてくれる上司や同僚がいたりすれば、川井さんは仕事の流れに乗っていけたのかもしれない。そういう、ほんの少しの——しかし本人にとってはとても大きな——理解と助力があれば、知的障害の人たちはどれほどラクになるか、と思いました。そしてまた、この「自分が頑張ってニコニコして、いいお姉さんでやってきた」ということも、今回初めて口にされたことかもしれません。そういうことも含めて、川井さんはご自分の理解をだんだんと深めてきておられるのだなと思います。

また飯島さんが素晴らしくて、ほんとにそれぞれの方の思いを受けとめて聴いて、せかさずに話すのを待っていてくれる。この受けとめの丁寧さと、そうやってつちかわれてきた川井さんや山田さんとの信頼感があるからこそ、こんなふうに川井さん山田さんは話すことができるのでしょう。そんなことを思って聞いていました。

また、飯島さんが「そのときどんな気持ちだった?」と尋ねると、川井さんも山田さんも、自分のなかを見つめるようにして、絞り出すように言葉を探して出しているのが印象的でした。一生懸命に自分に向き合おうとしていると強く感じました。それは飯島さんがよく受けとめてくれる、ということがあるのはもちろんですが、自分たちの経験を福祉に関わる人たちに聞いてもらうことには大きな意味がある、とお二人が思っておられるからかもしれません。

最初にこの会のことを聞いたとき、私のなかにはちょっとした懸念がありました。それは、自己理解を深めるために話すのなら、少人数の安心できる雰囲気のなかでよい聴き手に恵まれて話すのがいいのではないか、公開の場面で話すのはどうなのだろうか、ということでした。しかし今日ここに参加してみて、「福祉に関わる人たちに聞いてもらうことに意味がある、だからこそ、自分に一生懸命向き合って話さなくては」というふうにお二人は感じているのではないか、だとすればむしろよい形になっているのではないか、と思えました。

人間に対する感受性をひらくこと

それで、ここからもう少し抽象的な話をさせて下さい。

ぼくを含めて、皆さんは話の聴き手の立場でここにおられるわけですが、こういう話を聴くということには不思議な力があると思います。当たり前のことですが人間は普段出会う時に、役割名で相手のことを見ていますね。最初に出会うとき、学生は「学生」としか見えない。でもゼミをやって深く付き合うようになると、その人が一人の生きる人間として見えてくる。そういう経験をぼくは大事にしてきました。

これは佐藤幹夫さんがおっしゃっていたことですが、福祉の現場は、利用者さんがどんなことを感じたり、思ったり、考えたりしているのかということを、支援する側が「想像」して——知的な障害の重い方の場合には、どうしてもそうなってしまうわけですが——それでよしと思っている場合が多い。石川さんは「軽度の知的障害者は、社会生活においては重度の障害である」といっていますが、知的障害者の思いを本当に「聞く」という機会はとても少ないのではないか。私も今回初めて聞きました。

こんなふうにして聞く機会があると、その人が知的障害者一般としてではなく、苦悩を含むいろいろな経験をしてきた一人の「人間」として見えてくる。そういうことがあると、支援の中身も変わると思うのですね。

先ほど少し在日問題の話にふれましたが、八〇年代の初頭に、東京の町田にある和光大学というところで、在日と日本人のハーフだったある学生が中心になって声を挙げて、在日問題を考える自主ゼミを立ち上げたのです。自主ゼミといっても、教員も加わって単位の出るものなのですが、そこにぼくは遊びに行っていました。

八〇年代の初頭には、在日問題にはさまざまな政治的立場や感度がありました。ハングルを学び本名の朝鮮名を名乗り、そうやって自分の民族性を取り戻して差別に抗っていくべきだ、という人もいました。もちろん北系の人、南系の人もいました。自分は日本で生まれていて日本で暮らしていくつもりだし、ハングルを覚えるなんてことは自分とは関係がない、という人もいました。このようにいろいろな感度をもつ人がいたわけです。当時は就職差別を含め、在日の人たちへの差別感情がまだかなり日本社会には残っていました。八八年のソウルオリンピックを境に、ずいぶんなくなっていくのですが。

当時の和光大学はなかなかおもしろい、リベラルな大学で、そこの教員たちのセンスもあったと思うのですが、そのゼミには一つだけ掟がありました。「人の話を最後まで聞く」というものです。いろんな政治的立場をもつ人がそれぞれに自分の意見を言うわけですから、当然「何いってやがる、もういいから止めろよ」と割って入ったりしそうですが、発言者の意見がどんなに自分の感度とちがっていても、とりあえず黙って最後まで話を聴くのです。そして分からなかったら尋ねる。「君はさっきこう言ったけど、それはどういうことか説明してくれない？」とか「君の意見をこんなふうに理解したが、それであっているか？」と確かめたりする。

話すのが上手でない人もいるわけですが、人の思いがちゃんと分かるまで、尋ねる。そうやって人の話を聞く、という姿勢が共有されていると、本当に一生懸命に聞くようになるんですね。その後に初めて議論をする。君の思いや言いたいことをちゃんとキャッチしたよ、ということがあって、その上で、でも正直に言って自分はこれには納得できない、というふうに伝えるのです。

このようにして互いの意見とその出どころをていねいに確かめあっていくと、政治的にはいろんな立場があるのですが、民族派の学生でも、日本名が自分には自然だという学生でも、共通なものがあることが見えてくる。「在日」であるということで、自分のアイデンティティに何かしらひっかかりがあるんですね。はっきりと差別されて苦しんだ、という若い人は当時はほとんどいなくなっていましたが、でも、自分と自分の生きている社会とがスムーズにつながっていない、どこかしっくりこないという共通項が見えてくるのです。その場にいる日本人学生も、彼・彼女は「在日」なんだ、とあらためてわかってくる。ふだんバカなことをいいあっていると何のちがいもない友人なのですが。

　ほんとにちゃんと思いを受けとめてくれる場があると思うと、人は相手にちゃんと伝えようとして、言葉を工夫するようになってくるのですね。そして聞く側も、相手が言いたいことを聴いて、聞き返して確かめていく。そうやってはじめて、ああこの人はこういうふうに物事を感じてきたんだ、こんなことを考えているんだ、と気がつく。大げさにいえば、他者の実存にふれた、という感じがするときもある。

　すると、密かに「自分が世界で一番悩んでいる」と思っていたのに、でも「みんないろいろありながら、でもそれぞれに生きているし、生きようと思っているんだ」ということが、ぼくにもよく分かってきました。それぞれが生きていて、いろいろ苦労したり悩んだりしながら一緒に生きているんだ、そういうものが社会なのだ、という感度が初めてやってきたのです。ゼミに出るようになった二五、六歳になってはじめて自分のなかに生まれてきた感覚でした。遅いですよね（笑）。

「民主主義」や「自由な社会」という言葉が空疎なものでないためには、この、「それぞれが自分と同じように悩んだり笑ったりしながら生きている主体なのだ」という感度がどこまで人々のなかに生きているか、その点がとても重要だとぼくは思っています。互いの想いを聴きあう、ということをこの社会のなかで育てていかないと、結局は、一人ひとりが孤立した猜疑心に満ちた社会になっていかざるを得ないでしょう。

　自分も生きているし人も生きている、そのことが肌身で感じられている、ということが、人が生きるうえでとても大切なことだと思います。話を一般化しすぎたかもしれませんが、いまの社会では、そんなふうにして人の想いに触れる機会をあまりもたない、もてない人が多くなっているように感じます。他人の想いに触れることが少なくなると、人に対して厳しくなりますし、ものの見方が頑なになりますよね。

　お二人の話を聴いていて、あらためて自分の原点を確かめさせてもらったような気がしました。当事者がどんなふうにして生きて来たのか耳を傾けることが、支援する人にとって必要なのはもちろんですが、それを超えて、「人間」というものに対する感受性が開かれていくような、そういう意味をもつ語りの場だったのではないかと感じています。

支援の三つの段階

では次に、このようにして「自分を語る」ことの意味について、考えたいと思うのですが、まず、支援というものを整理するためにこんな図を書いてみます（白板に書く）。

①親和的承認の関係――頼れる・甘えられる、基本的信頼
②評価的承認の関係――役割を発揮して評価される
③表現の関係（存在を承認しあう関係）――自分の生の物語を再構築する

すべてに共通するもの：表現の関係――想いを語り合い理解しあう関係

支援ということを広く取りますと、子育て、つまり養育から保育、教育、看護、介護、医療、カウンセリングなどが支援と呼ばれています。では、どんな支援にも共通する一番基本のものは何でしょうか。哲学は、共通する根っこのものは何だろうかというふうに考えるのですが、まずは、親和的な関係――白板では「親和的承認の関係」と書きました――を構築することですね。エリクソンという心理学者が「基本的信頼」と呼んでいるものです。

支援のときに一番重要なのは、この人は自分のことを大切にしてくれる、ちゃんと自分を見てくれていて、何かあったらすぐ相談してよい、と利用者が思えることですね。自分が頼れたり相談できる人、気遣い合っている人がいる、ということはどんな人の生活にとっても重要なもので、このような親和的な関係をふつう「家族」と呼んだりするわけですが、家族をもたない場合には作り上げるしかない。「かりいほ」の石川さんたちが試みてきたのは、まずは、この親和的関係を本気で作ろうとすることだったと思います。

キレて暴れてしまう人がいても、暴れたことは規則違反だから出ていきなさい、とすぐに言われることはない。枠をつくってその枠を守らせることで社会生活が営めるようにする、というのが昔の「かりいほ」のやり方だったが、それはもう通用しなくなった、そして関係性の支援を行なうようになった、と石川さんは先ほど言っておられました。つまり、「ここの掟はこれこれで、これを破った人間は問答無用で出ていってください」とはならない。確かに暴れられると困るわけですが、でもその人なりには理由がある

わけで、まずはその人がどうしたいか、それを聴き、なるべくそれに沿うようにつきあう。
「こんなところにずっといるのはイヤだ、外でご飯が食べたい」と言えば、外に連れて行く。野球の試合が見たい、と言えば、いっしょに行く。自転車が好きな利用者さんには、「かりいほ」内で働けば賃金を出して、それを貯めて自転車が買えるようにする。そんな話を石川さんからは聞いていますが、その人の気持ちを大事にしながら付き合い続ける。そうやって付き合い続けるうちに、利用者は「この人は自分のことを見てくれる、たよっていいんだ」と思えるようになってくる。まずはルールありき、ではなくて、とことんつきあうことを支援の出発点にする。利用者のほうで「ここにいる」ことを選んでくれなくてはいけない、と石川さんはいっていました。

　このような支援はとても大変だと思いますが、それを続けてきたのが「かりいほ」のやり方だと思っています。そしてこの、親和的な関係の構築のさいにも、想いを語る・尋ねる・確かめる、ということ――ぼくは「表現の関係」と呼んでいます――が大切になってきます。今日のような「人生の想いを語る」というところにはすぐには行けないでしょうが、何を食べたい・どうしたい・これはイヤだ、というレベルであっても、相手の想いを受けとめようとしたり、何でそうなのかを尋ねたりすることが必要です。「表現の関係」は「尋ねる関係」でもあるのですが、無神経に追及すると尋問のようになってしまいますから、相手を尊重して「あなたの想いを知りたい」という気持ちで尋ねる。おそらく石川さんはそのようにやってきたのだろうと想像しています。このようにして、利用者と職員のあいだに信頼関係ができると、それだけで、利用者も落ち着いてきたりするようです。

　このような信頼関係を、親和的に互いを信頼し認め合っている関係という意味で、「親和的承認の関係」と白板には書きました。これを土台にして、次に、集団的な関係づくりという第二の段階を作ることが可能になります。白板では「評価的承認の関係」と書いたものです。

　ここでもやはり、言葉を交わし合う表現の関係が必要です。集団のなかで安心して声を発することができること、まずこれが重要ですね。職員の方が仲立ちになりつつ、利用者同士が声を掛け合ったり、互いの事情や困ったことを出し合ったりする。それができると、集団のなかにも一種の「基本的信頼」のようなもの――自分が何かあって声を挙げればみんな耳を傾けてくれる――ができてくる。そのなかで、じゃあ、ぼくはこっちを引き受けるからあっちは頼むよとか、そうやって役割関係をつくっていくことができます。このあたりは石川さんに具体的な話をあまり伺っていないのですが、互いの想いを出しあい・確かめ合うなかでそれぞれが役割を担っていく、ということになるのだろうと想像しています。石川さんは「晴れ舞台の創造」ということをおっしゃっておられますが、役割を担って力を出して、そのことをまわりからほめてもらう、そういう形をつくる、ということだろうと思います。

何かの役割をもってそれを一生懸命やって、まわりがその仕事をほめてくれる。「いい仕事をしてくれた」と褒められることは、とてもうれしいですね。これは親和的な承認関係（＝互いを大事に思っている）とはちがって、仕事のよしあしを評価する関係ですから、ぼくはこれを「評価的承認」の関係と呼んでいます。これは社会生活の本質ですから、これができるようになるということは素晴らしいことだと思います。ですが、役割を職員が一方的に「与える」のではなく、利用者が自分から「選ぶ」ということ、そして、役割関係と並行して、やはり、互いの想いを語り合う「表現の関係」が同時に豊かに展開することが必要でしょう。

さて、親和的承認と評価的承認関係の二つができると、普通の言葉でいえば、家庭と仕事という生活の二つの領域ができたことになります。支援論としては、これでもって完了といいたくなりますが、「かりいほ」のすごいところは、さらに、「自分の人生の再構築」という課題までを考えているところです。白板の図でいえば、三番目の「表現の関係（存在を承認しあう関係）——自分の生の物語を再構築する」という段階になります。

人生の物語の再構築という課題

「個々の利用者は、自分のこれまでの人生をどうやって受け入れて納得したりしていくのか、そのうえで、これから自分はどう生きたいかを考える」という課題が、確かにあります。これは知的障害者の支援としてはほとんど顧みられたことのない課題だと思うのですが、その必要を石川さんは、利用者と付き合いながら肌で感じてこられたと思うのです。山田さんについては「自分のなかにあるものをとことんしゃべって吐き出してみないとダメだ」と感じたのでしょう。川井さんにしても「自分のなかのいろいろな思いを出せるようになると、本人にもこれからの生き方が見えてくるんじゃないか」と感じたのではないか。そうなってくると、「表現の関係」も、文学の表現に近いようなレベルの話になっていきます。人生のこれまでのさまざまなエピソードを語ることで、自分がどう感じてきたか・思ってきたかを、自分自身で気が付いていく、そういうプロセスになってきます。

そのために必要なのは、想いのこもった語りを受けとめてくれる人がいる、ということです。ゆったりとこちらの想いを受けとめようとしてくれる、そして言葉になるのを待っていてくれる、そんな人が必要です。私たちもよく経験することですが、信頼できる相手にいろいろと話したら、それでもって気持ちが整理できてしまった、ということがありますね。自分では客観視できなかったり、直視できなかったりするようなことも、ゆったりと受けとめてくれる人がいることで、少しずつ直視して言葉にしていくことができるようになっていくかもしれない。なかなか人には言えない、恥ずかしいことでも、信頼できる人に対してなら、少しずつ出していけるかもしれません。

自分がどうしても肯定できないようなこと、例えば思い出すたびに「なんて自分はダメなんだ」としか思えなかったことでも、それを受けとめて聴いてくれる人がいることで、それを今までとはちがった仕方で見つめ直す可能性が拓けてきます。ひょっとすると「自分が悪い」のではないかもしれない。また、そのときの状況では「仕方がなかった」のかもしれない、というように。

このように、自分のこれまでの人生に対して、「あれは仕方がなかったね」も含めて、一つの納得がもてないと、なかなか、これからどう生きるかに向かえないと思います。過去に対する恨みや後悔に〝縛り付けられて〟しまうからです。逆から言えば、これまでの人生に対するある納得ができてきて初めて、これからを考えることもできるようになる。――このような作業は、私たちのそれぞれが自分を「人生の主役」だと感じて生きていくために、とても重要なことです。例えば病気になって何かの身体の機能が失われたりしたときには、「なんで自分だけがこんな目に?」という不条理や恨みの感情に襲われます。その恨みの感情はすぐには引きはがせないでしょうが、しかしなんとかしてその恨みを乗り越えていかないと、これから自分はどうやって生きていくか、に向かうことができない。そのままでは、私たちは人生を営む主体とはいえなくなってしまいます。

哲学者のハイデガーは、人が「いまここ」だけを生きるのではなく、過去や未来を含む「人生」というものを生きる存在であることを、次のように表現しています。「これまで〜してきた私は、これから……しようとして、いま—している」と。つまり、人は、自分の人生を一つの「時間的な物語」の形にしながら生きていく、というふうにも言いかえられます。順調に元気に生きていけるときには、自分の人生の物語なんてことは考えなくてもいいのですが、自ときに人は、自分の人生を見つめ直し、自分の物語を再構築しなくてはならなくなります。

どうやって人生を肯定するか

人生に対する「恨み」や「悔恨」が深いとき、これをどう処理してこれからを生きる積極的な力をどうやって引き出すか。——この課題にまっすぐに向き合った哲学者が一九世紀の後半のドイツの哲学者ニーチェでした。ニーチェは若い頃に大学教授になり、天才的な古典文献学者あらわる、ということで注目を浴びた人ですが、自分自身の思想をどーんと書いたら「こんなのは文献学ではない」と学会から批判され、学生も講義に来なくなります。眼と頭の痛みがひどくなり、ついに講義もできなくなって大学を辞め、それからイタリアやスイスの温泉町を周りながら原稿を書くのですが、しかしそれもサッパリ売れず誰からも読まれなくなります。絶望的なほど孤独な状態に陥ってしまうのです。彼の書いた友人たちへの手紙を読むと、体調の悪さと孤独を訴える内容ばかりです。

「それでも自分の生をどうやって肯定できるか」というのがニーチェの一貫したテーマでした。自分の生を肯定するという課題はだれにでもあるんだ、ということを明確に出した哲学者でした。「苦悩の多い人生であっても、この自分の人生を何度でもくり返したいと思うほど、人生を受け入れ肯定することはどうやってできるか」——この問いをニーチェは著作のさまざまなところでくり返しています。

ニーチェの一つの答えはこうです。「人生はすべてが一つにつながった輪のようなものだ。もし君が、たった一回でも、心から生きていてよかったと思えることがあったとすれば、苦悩も引き連れて『よし、この人生をもう一度くり返そう』と思うことができるはずだ」と(『ツァラトゥストラ』第四部「酔歌」)。つまり、人生にあった悦ばしいことを思い出すことで人生を肯定しうる、というのが彼の考えです。確かに人生のさまざまなエピソードを思い出してみれば、そのなかに、うれしいことや感謝の気持ちでいっぱいになるようなこともあるかもしれませんね。自分の人生のなかでいい言葉をかけてくれた人とか自分の生の幸せな時間、恵まれた何かを思い出すことがあるかもしれません。

しかしまた、恨みに思ったり後悔していたりすることを語る、ということにも意味があると思います。語りを受けとめてくれる人がいることで、自分の人生の恨みつらみ（ルサンチマン）に直面しそれを「出す」ことができるようになる。そのことによって、自分のなかに固まっていたものを「見つめ直す」ことができるようになる。そのような「自己了解」の作業を、聴いてくれる人といっしょにやっていく。そうしていくなかで、これからをどう生きていくか、も次第に見えてくるのではないかと思います。

どうやったら人生が納得・肯定できるか、ということには、上手な解決法があるということではないように思います。聴く側はていねいに受けとめようとする、語る本人も自分に正直に向き合っていく。そういうなかで、その人なりの納得がしだいにできていく、そういうことしかないように思います。

ところで、ニーチェは孤独な人でしたから、信頼できる人につきあってもらいながら自己了解を深めていく、というような発想がありませんでした。ぼく自身としては、しかし、想いを確かめあう「表現の関係」がないまま、一人で自己了解を深めていくのはとても難しいことだと思います。

ていねいに受けとめてもらう「表現の関係」のなかで、自分のこれまでの物語を確かめ直し、そうすることで、自分の人生の物語を再構築していく。人生の主体になっていく。――支援ということを、親和的な関係の主体や、役割関係を担う主体になっていく支援だけでなく、そこからさらに進んで「人生の主体」になっていけるように支援していく。そこまでやろうとしている「かりいほ」はすごいなあ、と正直に思っています。こういう語りの会を始めたという話を聞いたとき、すごいことをする人がいるな、と思いました。支援を本気で考えると、ここまでいくのか。そう思って、ちょっとびっくりしました。

ぼくからの話は、この辺で終わりにしたいと思います。

Ⅱ　当事者の「自分語り」を聴く

「自分を語る」こと、社会とつながること

佐藤幹夫

感想――二人の「語り」を聴いて

西研さんをお招きして一緒に講演会をやりたいというのは、石川さんのかねてからの希望でした。そもそもの話をしますと、私は一〇年ほど前から、滝川一廣（精神科医師）さんを中心に「人間と発達を考える会」という個人的な会を開いていたのですが、そこに西さんが加わってくれました。その少し後だったと思います。石川さんにも入ってもらい、お二人はそこで出会います。お互いに強く関心をもたれたようで、ずっと石川さんから、支援には哲学が必要なんだ、機会があったら、ぜひ西さんに「かりいほ」の取り組みについて話してほしい、というリクエストがあり、機会を待っていたのですが、やっと今日、この企画が実現しました。

これから、どう進めましょうか。いつもは私のほうから、話してくれたご本人たちを前に勝手な感想を述べさせていただく、というスタイルでやってきたのですが、そんな感じでよろしいですか。では少し私も感想をお話します。

まず、山田さん。話すたびに、少しずつ内容が変わります。幼少期のこと、小中、専門学校時代のこと。アルバイトをしたり、派遣社員でいろいろな仕事の場所に行ったり、ホームレス生活を余儀なくされたり、大きく言えばこうしたプロットで、山田さんのヒストリーはできあがっています。

このプロット自体に変化はないのですが、話すそのときどきによって、どこに力点がかかるかが変わります。家族のことだったり（とくに父親との葛藤ですね）、学校に

行っていたときのことだったり、社会人になってさえおかしな男たちにつかまり、ゆすりたかりをされることだったりします。そんななかで、少しずつ、これまで語らなかったことが語られるようになる。石川さん、飯島さんがどう受けとめているか、打ち合わせなしに話しているのですが、私の受け取りでは、最初の頃は出来事の語り方は大まかで、むしろ自分の感情を訴える言葉が多かったような気がします。回を重ねるにつれ、ディティールを語る言葉が増えてきている。そんな印象を、私自身は強くもっています。

それから、これまではどちらかというと、ちょっと視線に落ち着かないところがあったのですが（自分にとって一番つらいことを聴かれているわけだから、早く次の話題に移りたいのは当然だと思いますが）、今日は、飯島さんのほうをしっかり見て、集中して応えている、という印象を受けました。

それから川井さん。聞き手の飯島さんが何度か問いかけているように、これだけ明るくてにこにこしていて、気遣いのできる川井さんが、どうして「かりいほ」に来ることになったのか。その経緯について、なかなか自分からは話すことができませんでした。少しずつ少しずつですが、二年かけて、ここまで話せるようになったんだなあ、というのが私の率直な感想です。これまで幼少のことを語りながら、今日のように言葉を詰まらせるということはありませんでした。今日が初めてです。おそらく、まだまだいろいろなことが、ご本人の胸の内に積もっていることだろうと思います。

「語りが深まる」ということ

二人に共通するのですが、次のようなことも感じました。「内省が深まる」という言い方をすることがありますね。そのことを強く感じたのです。これまでの経緯と比較して、ここがこうなっているから内省が深まっているんだ、ときちんとお伝えしなくてはいけないところなのですが、今日は、まだその準備がありません。ただ、次のことは考えさせられました。

この場で二人に求められているのは、「自分」を語ることです。しかも、初めてお会いする皆さんを前にしての「自分語り」です（ここが、いわゆるナラティブなセラピーとは、最も異なるところです。あちらはあくまでも、カウンセラーとクライエントの一対一関係で。しかも情報は外に出ないように、厳重に守秘義務がかけられ、そのことを前提とした「語り」です)。

さらに、ここで二人が語らなくてはならない「自分」は、誇らしい自分ではなく、もっとも見たくなくて、触れたくなくて、思い出したくない自分です。そんな自分を語ることを求められている。

私が知るだけでも、最初は、かなり大変だったと思います。触れたがらないし、触れないのです。今日驚いたのは、辛い作業であることは十分に伝わってきつつ、向き合おうとする意志や姿勢が、はっきりと見えたことですね。内省が深まるってこういうことか、と聞きながら、何度となく感じました。それが二人の今日の自分語りの、最大の変化だったと思います。

石川さんと飯島さんと私とで、きっちりと話を詰めたわけではないのですが、こんなことには注意していますよ、といえることとして、

(1) 無理に話を聴き出さない。

(2) 事実関係の正誤を求めない。追及をしない。

(3) 沈黙(間)ができても話をせかさない。

(4) どうしてこういう取り組みをしているのか、日常的に意思疎通をしておく。

(5)「聞く―話す」関係は相互交流であることを忘れない。

(6) 安易な解釈や物語化(意味付け)は控える。

話したい、話してもいい、という気持ちになる。そういう気持ちが自分のなかに、少しずつ出てくる。話さなければいけないから仕方なしに(嫌々ながら)話す、というのではなく、喉が渇いて水分補給をするように、聞いてほしくなる。

山田さんと川井さんのお二人と「かりいほ」が、時間をかけて積み重ねてきたことの成果というか、積み重ねの大事さというか、そういうものを感じます。

「表現の関係」について

先ほど西さんが「表現」という言葉を使われましたけれど、これは単に、なんでもいいから自分のことを話す、ということ以上に、聞き手と話し手のもう少し深いコミットメントや、交流を意味しているのではないかと思います。たとえばものを書く人間であれば、ものを書くということは自分の「表現活動」です。私が言った「内省が深まる」

ということを西さんの言い方に変えれば、「よりよく伝わるように、言葉を工夫していく」ということになるでしょうか。

物を書いている立場の側から言えば、「言葉を工夫していく」ということは、自分が取り組んでいくテーマについての見方や考え方を深めていく、という作業も同時にしなくてはいけないということになります。だから「表現の関係」は、世間話やその場のおしゃべりではない、もう少し何か別のことが、西さんによって求められている。そして今日の二人は、自分自身についての「表現」になっている。そういうふうに言ってよいだろうと思います。

石川さんも少し触れていましたが、昨日今日、こういう「自分語り」ができるようになったのではない、長い準備を経ているゆえであるということは、くり返しお伝えしてもいいかなと思います。

振り返ってみると、まず、飯島さんと利用者さんとの、一対一の「語り合い」の期間がありました。これは、飯島さんと話したい、聞いてほしい、という希望者が話す、という始まり方をしたようですが、それが続いた後、次には何人かのゲストの前で、話すようになります。今度は自分で希望する人たちではなく、石川さんのほうから、今、職員がみんなでこういう勉強をしている、誰それさんの話を聞かせてもらって勉強させてほしい、そんなふうにお願いをして話してもらっていました。だから、今日の二人以外にも、数名の語り手がいます。そうした取り組みを続ける中から、山田さんと川井さんならば、もう少し大勢の人の前で語っても大丈夫なのではないか。それはむしろ、二人にとっても必要な体験なのではないか。そんなふうに石川さんの考えが固まっていったのだと思います。飯島さん、石川さんは、また異なるニュアンスをもっているだろうと思いますが、私がつかまえているこの間の経緯を言えば、そんな感じになります。

長い準備があり、話し手―聞き手の信頼関係を丹念につくってきた。そのことなしには、今日のようなスタイルの「当事者の語り」は、おそらくあり得ない。準備なしに、かたちだけで始めてみたところ、こんなふうな「語り」にはならないだろうと思うのです。あるところでやってみたら、話し手が、この職員にはこんなことをされた、この職員にはこんなことを言われたというような、鬱憤晴らしの場になってしまった、という話を取材のなかで聞いたことがあります。

石川さんや飯島さんとの信頼関係を丁寧に作りながら、

時間をかけてここまできたわけで、それがきょう、皆さんがお聞きになった二人の語りだ、ということで、積み重ねることの大事さをあらためて感じました。

「自分語り」と「かりいほ」からのメッセージ

それで、この間、何回かこの研修をし、私のほうからコメントをするときにいつもお伝えしてきたことですが、「かりいほ」と石川さんのメッセージは、大きく三つあるのではないか。そう考えています。

一つは、「かりいほ」と、「かりいほ」の利用者さんたちのことを理解してほしい、もっと分かってほしいということです。そしてその理解の仕方が、彼らの話に耳を傾ける。ドクターや、教員や、行政の人や、福祉の関係者の言葉ではなく、彼ら自身の言葉で、彼らの人生のヒストリーに耳を傾ける。どんな人生だったのか。何が悔しかったのか。どう思っているのか。そのことを、もっと本気で聞くことが大事ではないか。それが彼らを理解することではないか。それが二つ目のメッセージですね。

たぶん、「かりいほ」に来る人たちは（ひょっとしたら、障害者と呼ばれている人のほとんどが）、自分で自分のことを語るより前に、教師だったり、ドクターだったり、司法関係の人たちだったり、福祉の人たちだったり、周りの人たちによって語られてきた。あんたはこういう人だね、こういうことをしてきた人だね。……そしてそのことに、じつはご本人たちは、納得していなかった。だから、折り合いがつかない。自分とも、親とも、人とも、社会とも折り合えない。そんなふうにして過ごしてきたんだろうな。

このことは、「かりいほ」に泊まり込みで行かせてもらった最初のころから、感じてきたことでした。

それから三つ目。

おそらくこの間、石川さんと「かりいほ」が最も苦労してきたことは、社会とどうつながるか、ということではなかったかと思います。ここにきて、「自立生活」にはいろんな形があるんだ、その人に応じたいろいろな「自立生活」があるんだ。オーダーメイドだ、でもそれを「かりいほ」は支援するんだ、ということを言い、また実際に取り組んでいます。

自立生活にはいろいろな形がある、ということを言い換えれば、社会とのつながり方にはいろんな形がある。「かりいほ」のひとたちにとって、一人一人違うかもしれない。ある人はサッカーの応援、ある人は牧割りをしてお金を貯める、「かりいほ」の外でトライアルな形で働いてみる。いろいろな社会とのつながり方がある。それをこの間、「かりいほ」と石川さんは模索してきたように思います。

そしてこの「当事者の語り」も、カウンセリングルームのようなところで続けられるのではなく（もちろん最初は、そういうかたちで始まります）、少しずつ外に出ていこう、いろいろな人たちの前に出よう。そうやって社会につながろう、という方向に進んできた理由だと思います。

（＊これまで七回ほどにわたった研修会での感想を再構成し、本文を作成した）

Ⅱ　当事者の「自分語り」を聴く

続・「かりいほ」の支援論――利用者の「自分語り」に耳を傾ける

佐藤幹夫

はじめに――「かりいほ」の「いま」

二〇一三（平成二五）年一〇月二一日午後。栃木県の知的障害者更生施設「かりいほ」の、ある利用者の居室。ブロック棟と呼ばれ、通常の生活棟からは独立した空間になっている。使用できる部屋は二つ。トイレと浴室と台所は共同使用。

その自室で、彼、Aさん（先の語りの山田さん――後註）は自分の人生について語り続けていた。聞き手は「かりいほ」のオンブズマンのIさん（飯島恵子さん――後註）。同席している石川恒施設長もときたま言葉を挟むが、基本的にはIさんの進行に委ねている。その他には「かりいほ」の職員が一名。福祉関係から研修に訪れた〝ゲスト〟が三名。筆者は研修スタッフという立場で参加している。始まって二時間ほどが過ぎており、そろそろまとめに入ろうか、というところまで至っていた。

Iさん　Aさん、きょうは何か、ぐっと怒りが湧きあがってくるとか、あと「今に見てろよ」っていう言葉がいくつもあったけど、湧きあがってくる怒りと、どうAさんが付き合っているのか。「今に見てろよ」っていうのは、今もありますか。

Aさん　どこかで、それはありますね。どこかにあるのが、だんだんともう、そういう気持ちが別の方面で、いやそうじゃなくて、だんだんとそういう憎しみっていうものが、消えていきましたね。

Iさん　そうなんだ。

Aさん　ええ。
Iさん　「今に見てろよ」っていうのは、「報復してやるぞ」みたいな感じだったのかな。
Aさん　そうですね。見返すぞって。
Iさん　これまでぼこぼこにされてたのを、ぼこぼこにするぞ、みたいな感じですか。
Aさん　そうですね、手ではなく、別の意味で見返してやるぞって。
Iさん　憎しみかな。
Aさん　憎しみは、もう塊りでしたね。
Iさん　塊りだったけど、それが？
Aさん　だんだんと、もう。……
Iさん　それってなんだろう。
Aさん　うーん、やっぱり東京で起こした強盗事件が、解決されてからですね。だんだんと、不思議と肩の、肩がすごく軽くなった感じが、なんかしたんですね。
Iさん　今も「今に見てろよ」っていう憎しみはあるの？　ちっちゃくなってきたのかな。
Aさん　はい、憎しみは小さくなってきましたね。

Aさんの生活史、ここに至る経緯については、後ほど触れよう。「かりいほ」の支援論については、二〇一三年五月に刊行した『発達障害と感覚・知覚の世界』でも1章を割いて紹介している。利用者の人たちが抱えている様々な困難や、彼らへの支援の基本となる考え方、といった内容だった。

「かりいほ」は、地域生活や通常の施設での生活が困難になった人、行き場を失くした人たちが最後にたどり着いた「生き直し」の場所であるが、これまで筆者は、生活の基本となる「安心・信頼・安全」をどうつくるか、という点を記述の中心としてきた。これまでの試みがだいぶ整理されてきたようで、筆者の見るところ、いま、次のステップに移ろうとしている。

開設当初の「かりいほ」は、軽度の知的障害を持つ人びと三〇名と職員十数名が共同生活を行ない、社会に戻っていくための基礎となる力を育むことを目的として営まれていた。ところがこの一〇年、利用者たちの実情が大きく変わってきたという。農作業などの活動をしながら、全員で一つの目標に向かって集団生活をしていくという考え方では、彼らの求めるものに応えることは難しくなっていった。そう石川施設長は言う。

「おそらくそれまでは、知的障害の方が中心でした。ところが一〇年くらい前から、いまで言う発達障害の人が増えていったのだと思います。そうすると、集団生活や共同作業には、参加することが難しい、参加すればしたでたちまち激しい葛藤を抱え込んでしまい、人間関係で大きなトラブルを招いてしまう。そういう人が増えていった」

他に戻る場所はない。「かりいほ」での生活が困難になれば、社会での居場所を失うことに直結する。「かりいほ」の側からすれば、どんな困難を抱えた人でもその人なりのスタイルを見つけ出し、「かりいほ」での生活を続けてもらわなくてはならない。

「私はこれまでの福祉支援を『枠の支援』と言っていますが、『かりいほ』でやろうとしていることは『関係性の支援』です。支援の仕方が変わってきたのです。以前は、一日のスケジュールがきっちりと決められていた。三〇人全員が、決められた集団生活に適応することを求められ、その生活を続けるなかで、それぞれが抱える問題を解決していこうとしてきました。しかしそれが通用しなくなった。三〇人という集団の枠組みではだめだ、という訴えを行動で示してくる人たちが増え、結果的に、その人たちが『枠の支援』を壊していくことになったのです」

この頃から、色々なことを試みる支援が始まっていく。

「この人たちは、人と一緒に居たくないのではなく、居たいし、同じことをしたいのだけれども、逆にその気持ちが葛藤や混乱の元になってしまう。だったら作業への参加の仕方やその内容は、一人一人違っていていい、生活の在り方も違っていていい。徹底した個別支援でいい。そう考えたのです」

サッカー観戦を自分の月二回の〝仕事〟とし、それを目標に〝他害行動はしない〟という課題に取り組む人。盛んに無断外出をくり返していた人には「かりいほ」の〝臨時職員〟になってもらい、一日出掛けずに過ごすことができれば日当一〇〇〇円を渡す、そのお金を貯めて自転車を買う、という取り組みを生活の中心にしていった人。

あるいは週三回、協力を得ている近隣の牧場や介護施設に、トライアル就労のような形で通い、いずれは地域のグループホームでの生活を目指す人。また周期的に「ここでは暮らせない」と一人で出かけ、そのたびに「かりいほ」の連絡先とお金を持たせて出してやる、また戻ってきてはしばらくすると出ていく、何度もそれをくり返し、最後には「かりいほ」を自分の生活の場所として選んでいった人。まさに各人各様だった。

こうして「かりいほ」での生活を安定させることが、まずは最初の課題だった。

もう一つあった。何らかのかたちで社会とつながること。いわゆる「社会自立」ではあるが、それが就業や、アパートなどでの単身生活のみを意味するのだとすれば、その概念を思い切り拡げてよいのではないか。就業・労働や生活支援の在り方など、その人なりの社会とつながり方でいいのだし、それを〝かりいほ型社会生活〟と捉えること。言ってみれば、「社会とのつながり」方を多様にし、「社会的自立」という言葉の意味を変容させてしまうこと。ある時期から、「かりいほ」はそのようなメッセージも、はっきりと示し始めていた。

「就労というかたちで社会とつながる人もいるだろうけど、そうじゃない人もいる。何かを作り、それを買ってもらうことで社会とつながる人もいる。でもそれも難しいという人たちも、間違いなくいる。この難しい人たちも、社会とつながることを可能にする支援論を現場がもたなければ、支援していくことは難しい。これは福祉の役割だろう。そう言う考えに、たどり着いたわけです」

目指すべき〝かりいほ型社会生活〟のスタイルが見えてくるにつれ、次のステップも明らかになってきた。自分たちが支援をしている人は、どんな人たちなのか。一人一人をもっと理解しなければならないのではないか、という問い直しも、重要な課題となっていた。そしてここに、「自分語り」にいたる理由があった。

「自分語り」が始まった頃

二〇〇九（平成二一）年、「かりいほ」が地域生活支援研究事業に取り組んだ際の研究報告書に、すでに聞き手のIさんによって「〇〇さんの語り」と題された利用者の「自分語り」が記録されている。Iさんによるこの取り組みは、そこからさらに六年遡るという。

Iさんは、NPO法人ゆいの里の代表として介護関係の仕事をつづける傍ら、地域コミュニティのソーシャルワーカーとして、地元における「かりいほ」の支援を担っている一人だった。そしてオンブズマンとして、入所者の話を聞く機会を作ってきたという。

筆者が彼らの「自分語り」を聞いたのは、右記の、〇九年の研修の第一回目のときだった。施設建物を見学した後、食堂に集まり、利用者と保護者たちの話を伺う機会があったのだが、耳を傾けているうちに、あることが気にかかり始めた。

一人の利用者をめぐって、親御さんが語るヒストリーがあり、本人が語っていく自分史の語りがあり、また石川施設長からも一通りの情報を伝えてもらっている。一人の利用者について、本人、親、支援者、という三つの視点からのストーリーが届けられたのだが、何かが微妙に違っている。もちろん、話者（立場・視点）が異なれば、そこに描かれるストーリーやニュアンスはおのずと異なる。それは当然である。筆者が気にかかったのはその先だった。

利用者の彼らは、どこかで、自分について語られてきたストーリーについて、あるいは自分に付されたイメージについて、納得し切れていないものを抱えているのではないか。自分のここまでの人生について、語り尽くしていないのではないか。もっと存分に語ってもらう必要があるのではないか。そういう思いに行きあったのである。

このとき話をしてくれた利用者の人たちは、自分が何をしたか、なぜ「かりいほ」に入所することになったか、おおむねのところは理解している。それどころか、「かりいほ」にたどり着くまでの間には、何度となく同じことを尋ねられ、同じ話を言い聞かされてきたことだろうと思う。障害の故かどうかは断言できないけれど、細部へのこだわりや、表面的すぎる受けとめ方や、強調される他責性、といった特徴はときどき見られたりはするけれども、話の筋道に乱れたところはない。しかしまだ、自分自身のストーリーを語りながら、主役が自分になっていない。そんなふうに感じられたのである。

「この人たちに、もっともっと、自分語りをやってもらったらどうだろう」と石川施設長に伝え、話し合ったのはたしかこの直後だったと思う。自分自身で、自分の人生と折り合えるきっかけを作って欲しいと思ったのだが、そのためには語られる主役が、外側から与えられた自分ではなく、あくまでも自分の言葉で語られる自分自身でなくてはならない。

するとそのとき、石川施設長からは「じつは、少しずつだけどやってんだよ」という答えが返ってきた。それが、上記のIさんによる研究報告の記録であった。筆者も我が意を得たりであり、ここから本格的に、利用者本人たちの「語り」に耳を傾けることをテーマとした研修が始まることになった。第一期が平成二四年一一月と平成二五年の二月の二回、第二期は九月、一〇月、一二月と、三回実施されたのだった。

なぜ「自分語り」だったのか

この研修の名称は「生きにくさを抱えた知的障害者を支援し続けるための人材育成研修」となっている。ここには石川施設長の、これまでの三〇年の歩みを踏まえた持論があった。そしてそれは、どうして「自分語り」なのかという理由をも語るものでもあった。

なぜ「生きにくさを抱えた知的障害者」なのか。彼らを犯罪者、触法障害者、刑余者といった受け止め方をしない、そのような言葉では本人たちを理解することはできない、という「かりいほ」の基本的な考えがあった。これらは社会の側が、彼らに張り付けた言葉である。社会の側が、〝問題のあるあなたに変わってもらわなければ、社会や福祉のなかには居場所はない〟〝更生し、社会適応しなければ福祉の対象にはできない〟というメッセージとともに、社会の側から向けられた名指しである。そうではない視点や支援論を持たなければ、彼らへの支援はできない――それが石川施設長の考えるところだった。

「だからこれまでの、**支援する側を中心に考えてきた「枠の支援」は、本人をどうやって変えようか、枠に入れようか、とやってきました。こういうプログラムを用意するから、あなたたちが変わりなさい、と。しかし、そうじゃないのです。**色々な犯罪をやってきた人たちではあるけれど、その人たちを、例えば『窃盗をした人』『犯罪をした人』、と『かりいほ』が受け止めているかというと、そうではないのです。いろいろな問題を持って入ってくるんだけれど、**その人は、『生きにくさ』を抱えた人であり、『犯罪』はそのことが理解されなかった結果なんだ**、と受け止めているのです」

このような石川施設長の訴えは、従来の在り方からの「視点の転換」を求めているのだということは理解していただけると思う。なぜか。

「彼らの生きにくさに対して、福祉はどう支援するのか。それが問われているからです。支援の対象として置き換えることが必要になるわけですが、じゃあ、どう置き換えるのか。そのためには、もっとこの人たちを理解しなければならないし、理解するには時間がかかる。時間をかけて付き合い、理解していくなかで初めて置き換えができると思うのです」

この置き換えのたどり着いた一つが、先ほど述べたような、〝かりいほ型社会生活〟というスタイルの捉え直しであり、「本人と社会をうまくつなぐ」役割としての支援者という観点だった。

もう一つ、彼らをどう理解するのかという課題がある。

「この研修では、実際に『かりいほ』を利用している人が自分の言葉で自分の人生を語り、それを聞く現場の人間は、この人たちにどういう支援が必要なのか、そのことを考えていくきっかけになってもらえればいい、そう考えて、この研修を行なっています」

〝社会の側からの彼らのストーリー〟ではなく、〝本人自身が語る自分のストーリー〟。そこに福祉の側はもっと耳を傾ける必要がある。そして彼らの生きにくさがどこにあったか、そのことを理解の出発点とする必要がある――「自分語り」という取り組みがなぜ必要だったか、その理由が、ここには語られている。「生きにくさを抱えた」という言葉に石川施設長が何を込めようとしたか、そのことも伝えているだろう。

「語られること」と「語られないこと」

Aさんの「自分語り」に戻ろう。

Aさんは四〇代の男性。「かりいほ」に入所して十数年になる。これまでのメディア取材などでも、Aさんは、よく「語り手」として登場していた。冒頭に引いた語りは、今年度第二期二回目の後半部分である。

これまでの人生を振り返ってどうだったか、と尋ねられ、「言いたいことがうまく伝えられなかった」という言い方をしている。その後には、「これはぼくの、周りに理解されなかったときの話ですが」という言い方もしている。自分の「知的障害」ゆえに自分のことを「うまく伝えられなかった」のだが、そのことは、自分の「障害」が「周りに理解されなかった」という遠回しの表明にもなっている。距離を置いた言い方だが、その内実は凄まじい。

小学校入学後から「この人間だったら、何やっても大丈夫」(本人)という人間関係のなかに置かれ、文字通りターゲットにされ、拒絶できないままに年齢を重ねて行った。暴力の対象となる体験は学齢が進むにつれてエスカレートし、やがて物品や金銭のゆすり・たかりといった恐喝行為が始まるようになった(本人ははっきりとそのような言い方をしていないが、結果的に何度か、消費者金融に借り入れをしている)。免許を取ったばかりの覚束ない運転技術のなか、求められるままに車の運転代行に応じて破損事故を起こし、さらに借金を重ねることになる。

なぜ強く拒んだり、逃げたりしなかったのか、と不思議に思うが、それができない状況に追い込まれた、と彼は言う。

　大人たちとの関係も過酷きわまりないものだった。父親は本人の障害を決して認めなかったし、いかにダメな人間であるか、同年齢時代の自分自身と比較しながら、彼を否定し続けた。担任の教員も、秘密を守るという約束の上でいじめの首謀者の名を告げさせ、手のひらを返すように約束を破棄し、さらに激しいいじめのなかに置かれるという体験を複数回余儀なくしている。あるいは、家庭訪問の席で担任の口から「知的な障害があるのではないか」と、本人を目の前にして告げられるなど、不信や憎しみを覚えて当然だという経験が話された。

　学校卒業後、いくつかのアルバイトに就くが、数カ月から半年でクビになったり、同僚や上司とトラブルになって、自分で、大声でたんかを切って飛び出したりすることを続けていた。収入が途絶え、家にはいられなくなり、やがて家出をする。ホームレス状態になっているときに声をかけられた男性と一緒に行動するようになり、やはりそこでも、ゆすり、たかりが日常となり、暴力で支配された。

　もうこれ以上、かかわり合いにならないでほしい、と頼んだところ、今度はその男性に自宅にまで押し掛けられ、「手切れ金」と称して数十万もの金銭を要求され、支払うことになった。また別の男性たちともかかわるようになり、一方的な力関係に置かれるようになる。そして高齢女性のバッグの強奪を命じられ、実行。その際女性は重傷を負うが、バッグを離さず、「ドロボー」と大きな声を出されたのであわてて逃げた、といい、強盗傷害の容疑者となった。

　大きな転機は、二七歳の時に障害者手帳を取得したことだった。そのことで「かりいほ」とつながり、強盗傷害の容疑も晴らすことができた。

　冒頭に示したAさんの「自分語り」は、次のように続いていく。

Iさん　そうすると、Iさん自身が、自分には障害があるということを突きつけられたり、いままでの人生を振り返ると、いろんなことがあったよね。

Aさん　はい。

Iさん　今も、あるのだろうと思うけど、そこがどう自分のなかで折り合いがつくというか、納得するというか。

Aさん　そうですね。やっぱり分からなかったらすぐ聞きかえしたり、分かるまで何度も聞いたっていいんだからって、その一言で、ずいぶん変わりましたね。外にいたときにも、そういう一言、あったんですけど、なかなか覚えられなくて。で、聞いていると、「おい、何回言ったら分かるんだよ」って、そういうふうに……。

Iさん　それで聞けなくなっちゃう？

Aさん　はい。その一言が怖くて、聞けなかったんです。

Iさん　そうか。で、「かりいほ」に来て一二年ですね。どこか、自分が変わったな、と思うことはありますか。

Aさん　変わった……とこですか。来たときは、すぐにカーッとなって、大声を出していたのですが、ずい分、でかい声を出すのは減ってきましたね。

Iさん　どうしてですか。

Aさん　どうしてなんですかね。やっぱ、自分のなかでも分かんないままなんですよ。今でも。

Iさん　どうしてかなって自分で分かると、これからもっともっと、いろいろなことができるようになっていくかもしれないですね。

Aさん　そうですね。大きな声を出さなくなったっていうのが、あの、東京で起こした事件が解決しまして、そこから段々と色々な人と話していくうちに、大声とかを出す回数も減っていったから、自分でも、あれって、思ったんですけど、どこがそのきっかけなのか、まったく自分でも分からないままなんですよ。

これが、Aさん自身が語る現在の心境である。石川施設長は、もっと語り切って欲しい、と述べる。自分をもっと整理するためには、ここがAさんの最大の課題ではないかといい、「話すたびに、いろんな思いが出てくる。Aさんにはいっぱい話してもらいたい。全部吐き出すまで話すのが、Aさんには必要だと思ってる」、そう言う。またIさんは、まだ「被害者としての私」という役割を脱ごうとしていない、そこからだけ語られているように感じる、と危惧を述べる。

ただし、先のIさんのまとめに「自分を語る中で、時に、まだ消化し切れていない過去のつらい体験の表出があったり、時に、そのひとの持つ固有の世界を垣間見せてくれた」と書かれているように、「語る」という行為を通して、「自分の人生を生きる主体（主役）」としての役割を取り戻すこと、その一助となる支援としての「自分語り」である。

「自分語り」の課題

難しさは山のようにある。すでに紙数が尽きているが、課題と思われることについて少しまとめてみる。

Aさんを始めとして、「かりいほ」に至るまでの歴史とは、彼らにとってはできれば触れたくない出来事が凝縮された時間である。話を逸らしてしまう、答えない、ということは決して珍しくはない。記録を読み返してみると、改めて、触れないまま次の話題に移っていることが多いと気がつく。あるときの、ある人のケースでは、どうしてそんなことを何回も尋ねるのか、と怒りをぶつけられたこともある。

これは、「かりいほ」の「自分語り」の、「かりいほ」ならではの難しさなのだが、次のことは確認しておいてよいと思う。

まずは「かりいほ」という場所への信頼があり、同時に、石川施設長への強い信頼がある。それが基盤である。さらに聞き手であるIさんへの信頼も重要な要因である。これらがあるからこそ、彼らは「自分語り」という求めに応じているのだし、ゲスト、という第三者の受け入れも可能になっている。石川施設長は、もう少し訓練を経たら、中の何人かをもっと広い場所で、もう少し多い数のゲストに聞いてもらいながら、「自分語り」を行ないたいと考えている。

なぜゲストという存在が必要なのか。福祉職員の研修なのだから、いて当然なのだ、という以上に、筆者は、彼らの「自分語り」が社会とのつながるときの、一つ一つのステップなのだと思う。

「かりいほ」における語りの基本構造は、あくまでも「自分―石川施設長」という二者の関係である。先ほど述べたように、この二者関係は強い信頼がなければならない。そしてそこを土台として、「自分―Iさん＝石川施設長」というように、聞き手としてのIさんの存在が容認される。こうして、二者関係が三者化へ向けて次のステップへ進んでいく。この段階を経て、「自分―Iさん＝石川施設長―ゲスト」というように、三角形の三者関係になる。ここでのゲストとは、「自分語り」を社会に向けるときの最初の入口である。いわばそれは、聴衆一般をゲストとする中で「自分語り」を行なうことである。

どうして「かりいほ」の「自分語り」は社会に向けてひらいて行かなくてはならないのか。それは「かりいほ」自身が、社会のなかで孤立したり、閉ざされた場所にならないためである。
そして何よりも、語っている彼らは、これまで「あなたたちは、この社会には居場所はない」と、無言のうちに、あるいはさまざまなかたちで排除され続けてきた人たちである。したがって彼らの語りは、「自分たちにも居場所はあるのだ、居場所を作って良いのだ」という社会に向けたメッセージ性を、おのずと含むものになる。このことが、彼らの語りが社会に向けて開かれたものでなくてはならない、最大の理由なのだと思う。

（『そだちの科学』22・2014年4月所収の同名タイトル論文に、加筆訂正の上転載。前掲の文章と重複する部分もあるが、比較することで、Aさん［山田さん］の変化がよりはっきりと読みとっていただけるものと考え、転載させていただいた）

【編集後記】

最相葉月さんの『セラピスト』が、日本のメンタルヘルス業界に、どれくらいのインパクトを与えることになったのか、なかなか興味深いものがある、と感じてきました。編集人の直感では、ドクターよりも心理臨床に携わっている人や、「こころの相談」の周辺で仕事をしている人たちが、より多く手にしたのではないか。もちろんコアな読者にもしっかりと読まれているようですが。

この本の最大の効能のひとつは（と、またしても個人的な印象を書くことになりますが）、セラピーという行為を広い観点から捉えるための、格好の視点を提供していることではないでしょうか。つまり自分（たち）のおこなっている治療行為が、歴史的にも空間的にも広い視野から相対化されるわけですが、これは「こころ」などという得体の知れないものに、日々お付き合いしなくてはならない方々にとっては、何よりも、我が身の一助となる観点だろうと思います。

「こころ」とは、どうも、相対と絶対の適度なバランスを維持することが肝要なようで、そして肝要な分、難しい。「絶対」のほうに振れ過ぎると、「自分は全世界から注視され、地球を一人で支えている」という緊張と恐怖が、耐え難いほど膨らんでしまう。また相対に捉えられ過ぎれば、「わたしはまったく無価値であり、生きるに値しない存在だ」という苦悩と無力にさいなまれることになる。「患者」と呼ばれる人たちは、このバランスの崩れに苦しめられている人たちのではないか。

そう考えてよいとすれば、援助者は、まずは自分自身のバランスのありようをしっかりと見つめなくてはならない。そうでなければ、とてもではないが「苦しむこころ」と向き合えるものではない。『セラピスト』のなかで、著者が取材を始めてすぐに「自分のことを知らなくてはならない」と言われたのは、この辺の事情に由来するのではないか。――編集人はそのようにあたりを付けているのですが、いかがでしょうか。

さて、『セラピスト』を『せれくしょん3』の心柱に持ってくることは、編集人のなかで、最初に決まっていました。

次に、野球での打順でいうところの三番に立ってもらうのは滝川一廣さんで、滝川さんを囲む座談会にすることも、比較的早い時期に決まりました。座談会は、実施からずいぶん年数を経ていますが、滝川さんの立ち位置や基本的な考え方が、まったくぶれていません。討議に参加していただいているのは教育関係の方々が大半で、学校と塾という二つの異なる現場から心理療法にアプローチするという、とてもユニークな内容になっています。しかも宗近、夏木、由紀の各氏は「飢餓陣営」の初期からお付き合いいただいている論客であり、滝川さんへの突っ込みも、なかなか厳しい。したがって、読み物としても抜群に面白いできになっている。言い換えれば、ほとんど古びていないのです。再掲載を決断するのに、時間はかかりませんでした。

もう一つの理由は私事になるのですが、この座談会が実施されたのは、滝川さんとの最初インタビュー集『「こころ」はどこで壊れるか』刊行の以前であり、滝川さんの論文のコピーを集めては必死にマーカーを引いていた時期の、いわば編集人の修業時代のものになります。一冊のなかに、ひそかに自己史を潜り込ませてもらった次第です（ほとんど進歩していない？　たしかにそうかもしれません）。

さて、では四番の後にすわる五番打者をどうするか。じつは『セラピスト』を中心にすると決めたときから、もう一つの柱は「かりいほ」の「自分語り」を掲載できないだろうか、ということが浮かんでいました。ただし、まだ掲載時の語りの会が実施される前。どんな会になるのか、めどが立っていなかったのですが、それでも、『セラピスト』と「かりいほ」の自分語りを組み合わせて一冊に、という考えは、だんだんと強くなっていきました。

いってみれば、「援助—被援助」という関係のなかで、援助する側からなされる見方が第一部だとすれば、第二部は、援助を受けてきたご本人たちが、「援助」というものをどう受けとめ、どう感じてきたか。ここでの「援助」の意味を広く取っていただきたいのですが、「援助」というものは、自分の尊厳を守るためになされるもののはずなのに、援助する側の勘違いによって、しばしば尊厳を損ない、ないがしろにするようにはたらいてしまう。援助する側は、そのことをもっと知っておいてよいのではないか。——おそらくこのような問いかけが「自分語りの会」の目的のひとつであり、石川施設長が繰り返してきたことだと理解しています。

……というように、「援助」というものを、鏡のこちら側と向こう側から映し出せないだろうか。もちろん、自由に読んでいただいてかまわないのですが、創り手のほうとしては、そんな目論見をこめています。

『絶歌』を取り上げたことについては本文で述べており、ここでは触れません。躊躇は大きかったのですが、わずかとはいえ更生保護関係の現場にかかわっている身としては、その立場から何事かを発信しておく必要はあるかもしれない、と腹を固めていった次第です。


皆さんに掲載の了承をいただいてから、時間が経ってしまいました。それを埋めて余りある内容の『飢餓陣営せれくしょん3』に仕上がったのではないか。仕上がりが近づき、やっとそんな思いにたどりつきました。ご購読下されば幸いです。

まだまだ猛暑がつづいていますが、本書がお手元に届くころには、いくらか過ごしやすくなっているでしょうか。どうぞご自愛ください。(幹)

飢餓陣営ホームページ
http://www5e.biglobe.ne.jp/~k-kiga/

編集協力………田中はるか
DTP 組版………勝澤節子

雑誌「飢餓陣営」についてのお問い合わせ、お申込みは編集工房
飢餓陣営まで。〒273-0105　鎌ヶ谷市鎌ヶ谷 8-2-14-102
URL http://www.5e.biglobe.ne.jp/~k-kiga/

初出
【特集1】Ⅰ「飢餓陣営」41号（2014・11）
　　　　　Ⅱ「樹が陣営」20号（1999・12）
【特集2】特に表記がないものは書き下ろし、語り下ろし

飢餓陣営せれくしょん3
セラピーとはなにか

発行日❖2015年9月30日　初版第1刷

編者
飢餓陣営・佐藤幹夫

発行者
杉山尚次

発行所
株式会社言視舎
東京都千代田区富士見 2-2-2　〒102-0071
電話 03-3234-5997　FAX 03-3234-5957
http://www.s-pn.jp/

装丁
菊地信義

印刷・製本
中央精版印刷㈱

ISBN978-4-86565-031-0 C0311